読みなおす日本史

古代日本と北の海みち

新野直吉

吉川弘文館

はしがき

日本は島国である。しかもその島国性はトインビー博士が「世界史における日本」と訳される講演の中で「日本の歴史において明らかに際立った一つの特色は、日本の島国性である」「英国人も日本人と同じように、近隣大陸の人たちの目には島国根性をもっているようにうつる。しかし英国の地理的な孤立は日本の孤立ほど極端ではなかった」「英国と大陸とをへだてるこの狭い海峡は、まったく原始的な木船ででも渡ることができた」と述べ、日本と朝鮮半島との間の海峡は「航海術が高度に発達するまでは、その海峡渡航はまったく困難であり危険なものであった」とし、だから学芸技術などが大陸から英国にきたのに対し、大陸から日本へ渡来したのははるかに遅かった（松本重治訳『歴史の教訓』岩波書店）と指摘している通りである。

しかもこの偉大な歴史学者も、英国と比較するときにとらえたのは朝鮮海峡であった。それは確かに一理も二理もある。日本古代文化に直結する弥生文化は朝鮮半島から北部九州に伝わったのだというのが、学問的通説を越えた社会常識なのだからである。よしや弥生文化がこのように伝来したということであるにしろ、その先の縄文時代においても、文献資料を伴う古代日本においても、日本列島への海みちは、著者が「西の海みち」と呼んでいるこの一筋のみではない。

もちろん南の海みちは島崎藤村の「椰子の実」のうたでも広く認識されている。だが北の海みちについては必ずしもその存在について注視されていない。ところが、実はこの「北の海みち」こそ、古代環日本海世界において、東アジアの国際環境の中にある古代日本にとって、きわめて大きな外交的役割を持っていたのであった。

本書は、古代日渤交流を中点的位置に据えて、なお原始時代から後世までの前後周辺の史実にも視線を及ぼした小論である。切に大方の批正を乞うものである。

平成六年六月

新野直吉

目　次

序章　日本列島と北の海みち

日本文化は島国になってからの縄文文化を直接享けてきたものである。だがその日本文化は、中国大陸から朝鮮半島を経て九州北部など西日本に伝わったというのが一般の常識になっている。古代王朝さえ朝鮮海峡を渡って来た騎馬民族の樹立したものだとする説があって、一部からは迎えられている。日本文化は古代中国文化の衛星文化的存在であると位置づけられるにしても、海は日本列島の四囲に広がっているのに、ただ一つの海路からしか、日本の文化・文明が伝わらないなどとはとても考えることができない。

大日本半島に往き来する路が北まわりに存在し、北に海峡ができてもそれを辿っていた旧石器時代人の歩みを見て知っていたはずの縄文人は、きわめて自然に間宮・宗谷・津軽の三海峡を経路とする北の海みちを通って、日本列島にやって来たに違いないのである。東シナ海を渡る海路は相当に広い海面を乗り切る必要があり、朝鮮・対馬海峡の場合も、すべて対岸が見極められる程の狭さの、北の三海峡ほどに狭くはない。安全に渡って来ようとするとき、北の海みちを捨てたり忘れたりするようなことは、決してあり得ぬことであろう。

もちろん、広く歌唱される「椰子の実」の藤村の詩のように、日本海流による南の海みちは自然現象としては誰でもが常識としている。しかし文化現象・歴史現象としても、古くから日本列島に作用を及ぼしたことは疑うべくもないから、これも世間の常識として承認されるに違いない。現代においても、平成五年の「靖国カレンダー」に見える「奇跡のやしの実」という写真は、それに付された説明によれば、昭和十九年（一九四四）七月、マニラ陸軍船舶部山之内辰四郎軍属三十六歳が、同郷の戦友に対して「昭和十九年七月十日　所原　陸軍伍長　飯塚正市君」と墨書してマニラ湾に流した椰子の実が、昭和五十年（一九七五）三月十五日に島根県大社湾に漂着したものであるという。事実こういう事例があるのである。所原とは同県出雲市の地名で両氏の家郷の地である（昭和三十年までは朝山村＝角川『日本地名大辞典』）。三一年間もかかって漂着したのは木の実だからで、目的を持った舟ならもっと短時日で意志通りに到達するであろう。

この西と南の海みちは当然として、その他にも北の海みちがあり、それが原始以来日本列島の歴史に大きく関わっているのだというのがここでの主張なのである。

一　日本文化と海みち

稲来るみち

確かに、『漢書』の地理志に「楽浪海中倭人有り、分れて百余国と為る。歳時を以て来り、献見す」とあるように、中国史書に明記されて東洋史上に登場するとき楽浪郡を起点として取り扱われているのであるから、朝鮮半島からの「西の海みち」が漢朝との繋がりの幹線であったろうことは疑いがないし、さらには『魏志』東夷伝に二四〇〇字に近い一応まとまった一条の史料、いわゆる「倭人伝」があって、そこに周知の女王卑弥呼の国邪馬台の連盟政権も詳記されているように、帯方郡から朝鮮海峡を渡って来るのが公路であることは明らかである。だから近年注目されているそれに先行する吉野ヶ里遺跡の時代などにも、地理的にみても対外主要路はそちらだったに違いない。

しかして黒岩重吾氏が作家の目で、卑弥呼の「鬼道」とは原始道教で、江南から伝わったと論じているのは、その前提となる二世紀の倭の大乱で江南に逃避していて還って来た勢力が卑弥呼と関係を有しており、そこに鬼道の由来があると推定するわけである。歴史学の手続きでその実証をすることは、率直に言って殆ど不可能であるものの、海流などによって、中国大陸中部や同南部から東シナ海を渡って西九州に伝わる文明の存在を考えることは、きわめて妥当なことだといえる。

　邪馬台国の位置論で問題になるのは第一に魏からの政治外交の公路となる道程であるが、島国にとってそれは自然の論である。未だ邪馬台国のことが学校教育の一般的教材でなかった時代に小中学生であった著者が、卑弥呼について初めて関心を持ち、文学的に知ったのは、横光利一の『日輪』を読んでのことであった。やがて昭和十八年に三田村泰助教授の東洋史を受講することになって、卑弥呼は神功皇后であるとする説に関わる講義を聴いた。初めて知った話で、その上教授はボソボソ風に話される先生だったので、〈ホウ、そんな日中関係史があったのか〉、と初めて思ったくらいであった。日本史の方では邪馬台国の講義はなかったし、もちろん自分は未だ歴史学を専攻することになるなどとは考えてもいなかったので、神功皇后紀を読んではおらず、三十九年条の「魏志云う、明帝景初三年六月、倭女王大夫難斗米等を遣し、郡に詣る」などの記述も知らなかった。

　第二次大戦後になり、日本古代史に関して多少知識を持つようになって、帯方郡から通ずる国土が九州の北半部であろうと、何となく考えながらも、その九州にはそれと共に南からの道が通じていたはずだと考え、それに結びつく東シナ海の存在も強く考慮の対象にするような立場に立つようになった。

　三角縁神獣鏡が魏鏡で卑弥呼に贈られた銅鏡百枚に擬せられるのが主流意見であるという当時の状

況下で、昭和四十七年（一九七二）に、水野正好氏のもたらされた情報に基づき三角縁神獣鏡は浙江省の遺跡の出土鏡などと同系の呉鏡であろうとする高坂好氏の説を評価し、考古学的にも矛盾しない南朝と日本列島上の政治勢力の交流の存在を考えてよいという小考察を、日本語の中に存する「呉」の字を含む辞句に注目してきた立場から、九州の卑弥呼の政権の連盟勢力は北朝の魏と、畿内の大和の連合政権は、呉＝中国とする古代日本語にも示され、南朝地域系と目される埋蔵三角縁神獣鏡出土事象の分布にも示されるごとく南朝呉と、それぞれ交流関係を持っていたものとする私見を提起したのであった（「初期大和国家と邪馬台、およびその地方制度をめぐる若干の考察」『日本歴史』二八八号）。そこで考えたことは、朝鮮海峡の他にも東シナ海を見失うなということでもあった。その後の日中学界の交流の進展から、三角縁神獣鏡は日本鋳造と見られている如くであるが、鏡が日本製であろうと中国製であろうと、さらに新発見で近時話題になった丹後の大田南五号墳出土四神鏡が、魏鏡と決したとして、その伝来が卑弥呼経由であろうと、地方豪族直受であろうと、西と南の海みちが存在することの絶対性は、歴史的事実である。

例えば、平成四年三月上旬の新聞報道（五日付『毎日新聞』）に「稲の道」が「二つあった」として、国立遺伝学研究所の佐藤洋一郎助手が品種改良しても必ず残る特殊な二つの稲の遺伝子に着目して研究した結果、温帯の栽培種にA遺伝子、熱帯の栽培種にB遺伝子が存在することを確かめたというのである。揚子江下流の河姆渡遺跡出土の七〇〇〇年前の籾の一部がA遺伝子を持つ野生種で、この揚子江周辺の野生種が栽培されて朝鮮半島を経て日本に来た。一方B遺伝子を持つ稲のルーツは調査中ながら、縄文時代末期の九州の遺跡の稲はB遺伝子の稲で南の海から日本に来たものと認められるという。この『伝播二元論』を、三月三日吹田市の国立民族学博物館で開催のシンポジウムで発表したというのである。同年八月末新聞紙上に報ぜられた宮崎大学藤原宏志教授らによる中国江蘇省草鞋山遺跡の調査において、報道のごとく水田跡が発掘確認されるとしても、その伝来は日本列島に対して一本のみちしかなかったということにはならないであろう。

稲の伝来のように日本文化にとってきわめて重要な交流のみちは、今後諸般の学術研究が進み、検証が加えられれば加えられるほど、朝鮮半島経由の西の海みちだけではないことが明らかになるであろう。原始・古代の日本列島に南から来る文化を伝える海みちは、何も縄文時代末期をまつまでもなく、それ以前からの太い流れだったに違いない。仮に洪積世のことまでは言わなくても、沖積世になってからの強大な日本海流の大勢は基本的に変わるまい。少し余談になるが、その線上に位置する沖縄を、邪馬台国問題で、位置論の上から強く主張する立場があると聞くが、そのように意識する人がいても、当否は別として、何の不思議もないであろう。著者の立場からそのような複数みち筋論があっても当然だというのは、日本列島には以上の西と南との海みちと並んで北の海みちというものがあると考えているからである。

平成四年五月上旬に経済記事に比重のある日刊紙に「アジアの経済圏」という現況地図が出ていた。

南から、「成長の三角地帯」を含むアセアン（ＡＦＴＡ）圏、その北西に半分ほど重なる形でバーツ経済圏、台湾を含む華南経済圏、環黄海経済圏、そしてそれと朝鮮半島上で重なる環日本海経済圏という五つのエリアを包括した「ＥＡＥＣ構想」なる小判型大楕円である「東アジア経済協議体」の構想を図示したものである。時代の推移に伴って構想や圏地図は変化するにしても、総体的に現実性あるものであろう。だがそれには北端の環日本海経済圏には樺太島と北海道北東部は入っておらず、沿海州北東部も圏外とされている。著者は古代環日本海文化圏には、道北・道東も樺太も入り、沿海州も海辺のみならずアムール河下流もきっと入っていたと考えている。そしてその圏内の北部を対岸から日本列島北部に通ずるものが北の海みちなのである。二〇世紀末のことをいう東アジア経済協議体圏のこの地図は、明確に南から北まで海みちが縦横に通じていることを示しているが、おそらく海洋上の状況は原始時代も古代も変わらなかったはずである。

原始の農耕

もう少し原始の稲のことにこだわれば、平成四年三月二十一日岡山県古代吉備文化財センターの発表によると、総社市の南溝手遺跡から縄文時代後末期（紀元前一〇〇〇年前後、三〇〇〇年程前）の深鉢の破片である土器片の内側に、長さ六・六〜七・一ミリ、幅三・六〜三・八ミリの籾の圧痕が発見され、それは現在栽培されているジャポニカ種に近いものであるということである。これは従来の定説を大きく変える可能性を持つ考古資料の発見である。しかも平成四年（一九九二）八月二十九日までの調査では、本州北辺の遺跡において、従来は予測すらできなかった三〇〇〇年前の炭化米を発見したという情報が伝えられるに至った。

八戸市是川遺跡の縄文晩期亀ヶ岡文化の遺物の豊富さは斯界を圧するものがあり、世界的にも有名であるが、同地区風張《かざはり》遺跡の竪穴住居から発見された七粒の炭化米をトロント大学で炭素年代測定の結果、長さ三〜五・二ミリ、幅一・五〜二・九ミリのコメ粒が約三〇〇〇年前のものと判定されたことから、北海道大学吉崎昌一教授が、当時青森でも稲作が行われていた可能性があると鑑定したというものである。新聞報道では「縄文人は採取狩猟民族といわれてきたが、コメの伝来はこれまで考えられてきた以上に早く、研究が進めば四〇〇〇年前のものが見つかる可能性もある」という吉崎教授談話も伝えられている。定説を大きく変える可能性を持つ総社と八戸の発見である。そもそも日本の縄文時代には農耕はなかったというのが常識になっていた。

昭和二十九年頃のことである。秋田大学における講義の中で、縄文人も我々と同じホモ・サピエンスである。サイエンスやテクノロジーにおいては、大きく発達度に開きがあったであろうが、インテリジェンスには何の差もないのだから、当然基本的な堅果樹木の植栽や食用野草の植付け及び小動物の飼育の初歩は成立していたに違いないと述べ、受験勉強などで原始時代で農耕が始まるのは弥生時代だという原則を知っている良く出来る学生ほど〈なんと非常識なことを言う教師なんだろう〉という顔をしたことを思い出すのである。

もちろん、考古学については専門外であるという気安さがあったわけであるが、縄文末期に農耕ありと論じたのは、水田稲作農業が、主であるという弥生時代になっても東北などではなお非農耕の地域も混在していたと考え、昭和三十三年頃に、東北に弥生文化が入った後も適性があるところでは当然稲作を営んだが、気象条件や地形状態などの諸事情によって、なお従前の狩猟・漁撈・採取の生活をしているところがあったと考えて、その生産文化の状態に「斑状文化」という呼び名を付したのである。考古学者の言う続縄文文化が、弥生文化と斑状に入り組んで存在したということの発想に対し、稲作が伝わったならそれはもう弥生時代なのだとする論理で非難する人もあり、物議を醸したが、私見も全くの誤りでないと考えてそれが受け入れられなくても格別悲しむことはなかった。

だがその後、福岡市板付遺跡などで縄文晩期後半の水田跡が見つかり、縄文農耕文化存在論も、私の名や発想などとは関係なく、学界の一般論となり、常なるものとなった。そして斑状文化論も、その名称はどうであれ、その創始者は誰であるかに関する件などもどうであれ、稲作が伝わった後の東北に、後北《こうほく》式など北方系の稲作を伴わない土器の遺物が出土する遺跡が考古学的に確認されてきている。縄文文化や弥生文化は単に機械的に時代区分して処理できるものではない。まだ多くの解明されていない歴史の真実があるはずである。

昭和六十一年（一九八六）に秋田県能代市浅内《あさない》で寒川《さむかわ》Ⅱ遺跡という後北式の完形土器を出土した遺跡が発見された。国道工事に関連しての事前調査においてであった。二〜三世紀の弥生文化を享ける遺跡であるとの情報もあったので、同六十二年四月発行の『ジュニア版秋田の歴史』（秋田魁新報社）の原稿では、「東北地方では弥生時代に入っている二〜三世紀に、北海道の続縄文式の土器を用いていた人々の文化があったのです。後期土壙墓と呼ばれているこの時代の墓が六つもまとまって発掘され、他県ではこれまで破片しか見つかっていない後北式という北海道文化系の土器が完全な形で幾つも出てきたのです。しかもそこには秋田など東北地方で使われていたこの時代の続縄文土器も一緒に副葬されていたのですから、一世紀頃までに稲作の伝わっていたこの地方で、二、三世紀になってもなお北方系の稲作をしない人々の生活集落があったことを示していることになります。発掘した県埋蔵文化財センターの先生方もびっくりしたことでしょう。稲作が伝わったあとで、四世紀に気温が低くなった時代があり、そのため、東北地方の稲作文化が後退し、その影響が五世紀以後にも続いたのであり、後北式の土器文化もそのようになってから本州に南下してきたのだという学説も有力であったのですが、実は初めから弥生時代になっても、稲作文化を持たない人々が、北方系の続縄文式などといわれる豊かな文化を営んでいる地域があったのです」としたためたのであった。能代は、斉明朝に阿倍比羅夫が越から北航建部（評）した渟代の地である。

その後考古学界の詳細な研究考察によって寒川Ⅱ遺跡の土器は後北C式土器で「実年代を西暦四、

五世紀ごろ」だとすることに定まり、その時代は「各地で前方後円墳などが盛んにつくられた時代」なのに、土師器の出土は「青森県、岩手県、秋田県というような大変広い地域を全部合わせても、少なくとも西暦四、五世紀に遡る土師器が発見されている遺跡は、両方の手の指でおつりがくるぐらいの数しか」なく、この時期は「続縄文式土器の広がりが、北海道から東北北部にまで及んでいたというふうに解釈せざるを得ない」（山川出版社『蝦夷の世界』所収、工藤雅樹「考古学からみた古代蝦夷の文化」）という位置づけを受けるようになった。考古学門外漢の著者の「二〜三世紀」と受け止めたのは早とちりだったとしても、能代に古墳時代にも北海道を経ての北の海みちの恒常的に通じていたことは明らかで、動かしがたい物的証拠が残されているということになる。それのみか平成五年（一九九三）に至って、新潟県巻《まき》町の教育委員会が、「南赤坂遺跡」という四世紀後半の古墳時代前期の遺跡から、続縄文文化の帯状の縄文と、土師器の製作時に付いた跡である「はけ目」模様を併せ持つ、深鉢四個分の土器片を、同遺跡の祭祀跡らしい部分から発見したと九月十三日に発表したことを、ジャーナリズムは報じたのである。比羅夫の段階をまつまでもなく越の地に北海道を経由しての北の海みちは通じていたのである。

それにしても著者の斑状文化論は、弥生時代における続縄文文化とか古代における非農耕文化とかいうものに注目しての生産文化論だったのであるが、それが縄文文化本体の部分ともいうべき段階まで遡り拡大して適用できるということになると、少し大袈裟に表現すると、それは驚天動地のことである。そして是川の縄文遺跡は、大正九年から発掘され昭和初年においても、文化の時代区分論について重要かつ衝撃的な発見や見解をもたらしたところなのである。いわゆる縄文土器鎌倉時代使用説の根拠遺物が出土した遺跡なのである。

八戸市には有名な中世南部氏居館の根城遺跡があり、根城地内に八戸市博物館がある。そして同市中居に是川考古館・八戸市歴史民俗資料館がある。中居遺跡がある扇状地の扇頂部に是川遺跡を標榜する石碑が建ち、その表面下部に碑文が嵌め込まれている。その文面は次の如くである。

奥羽北部ノ地、由来石器時代遺蹟ニ富ミ、其土器ニ現レタル工芸ノ進歩実ニ世界ニ冠タルモノアリ。就中此是川遺蹟ハ、中居・一王寺・堀田相接近シテ各系統ヲ異ニスル遺物ヲ蔵シ、特ニ中居泉山氏邸内ヨリハ、優秀ナル多数ノ植物性遺物ヲ発掘シテ、従来知ラレザリシ当時ノ文化ノ一面ヲ学界ニ紹介シ、又堀田ノ遺蹟ヨリハ古銭ヲ発見シテ、是ガ絶対年代ヲ推定スルノ好資料ヲ提供セリ。八戸郷土研究会其ノ址ノ湮滅ヲ虞レ本山翁ノ揮毫ト捐資トヲ請ヒ、碑ヲ樹テテ之ヲ後世ニ伝ヘントス。

八戸郷土研究会

昭和七年秋　喜田貞吉撰

小井川潤次郎書

この文に見える古銭の件は、昭和二十年代半ばに著者が東北大学国史研究室に勤務していた時、当時伊東信雄氏を先頭にして東北考古学界が目覚しい「東北の弥生時代」に関する研究成果を展開している中で、国史学科の主任教授で私の指導教官であられた古田良一博士が「自分は喜田先生から東北では鎌倉時代まで縄文土器が使われていたと直接承った。土器と宋銭が伴出したという明白な事実に基づく説であった」旨の発言をされて、東北の弥生文化がそうすっきりと発展するものではあるまいとする懐疑感を表明された根拠となったものである。

古田先生は近世東廻・西廻海運を中心とした日本海運史研究の大家で、考古学に直接詳しい方ではもちろんなかったが、喜田貞吉博士は教授の京都帝大での恩師でもあり、博士が東北帝大に講師として在勤されたのも教授が招聘されたものであるように伝聞した。私は当時国造制の研究を専らにしていて、考古学には殆ど関心がなかったし、御子息の喜田新六教授のお話を聞いた年代であるから、喜田博士ご自身のお話を拝聴するようなことは物理的にできなかったが、東北の歴史考古学についての開拓者的業績については一応承知していたので、古田先生のお話を印象深く受け止めたのであった。

だから昭和五十年の頃に、「是川陳列館」と呼ばれていた遺物展示館を原始一弦琴と見られる木製出土品を観察すべく訪れ、この碑文に接したときは、四半世紀前を想起し深い感激を覚えたのであった。文中触れられる本山翁とは本山彦一大阪毎日新聞社長でその援資によって建碑されたというわけである。もちろんその後の学問の進展は、縄文土器を鎌倉時代まで使用していたという奇想天外なことが、東北地方の北辺といえどもあり得なかったことを明らかにしている。しかしもし、著者の斑状文化論が縄文時代にまで適用できるということになると、亀ヶ岡式文化というものについての考察に一つの新視点が追加されることは確かであろう。

獅噛式大刀把頭

風張遺跡でいわば「縄文の米」を掘り当てたのは、八戸市教育委員会の調査団であるが、この教育委員会は、数年前にも「昭和六十二年十月二十一日古代東北史の世界に衝撃的なニュースが走った。何と青森県八戸市の丹後平《たんごたい》遺跡第十五号墳から、金箔加工の青銅製獅噛三累《しがみさんるい》式環頭大刀《かんとうたち》の把頭《はとう》が出土したという発表を同市教委がしたのである」（『東アジアの古代文化』五四号）と著者に昂奮の情漂う文章を書かせた、画期的な成果を挙げている。この地帯で古墳が確認され精査されたそのことも、三〇年ほど前までは古墳の空白地帯とされていたのであるから十分に意味を持つが、東北北部でよく発見されている蕨手刀《わらびて》などとは全然異なる環頭大刀出土ということが驚きなのである。この把頭は長さ九センチ、幅五・五センチで、このような獅噛細工の環頭大刀は六世紀末に新羅で発生したものという。だからその筋の専門家は「朝鮮半島か畿内で作られたものが関東経由で伝わった」と考えているとニュースは報道していた。

ところでこれまでは福島県以南までしか三累式環頭は発見されていないのである。それがこれは技巧の優れた獅噛まで加工されているのである。皆が注目するのも無理はない。ところで私見ではこの福島までしか発見されていない点が関心事なのである。関東地方経由で入ったなら福島から北にも宮城—岩手—青森という順で伝わったのであろう。しかるに、その中間地帯の出土や発見は絶無なのである。その事実は重要だと考えるわけである。

もちろんこれからの考古学研究によって宮城や岩手でも発見され、一筋に繋がるかもしれない。そうすれば大和から関東経由という仮説は実説たり得るであろう。しかし現在はまだこの伝播論も仮説である。そして仮説はもう一つあり得る。前方後方墳も前方後円墳も明確な形では及んでいない北辺の豪族の墓に副葬されるものは、必ずしも坂東経由で伝わるとは限らない。とりわけ大陸や朝鮮半島で作られた文物の場合は国内で作られたものと事情が大きく異なる。西国への海みちしかないのなら、それは西日本に舶来し畿内から坂東を経由し東北の南部から北部にという道順で伝わるであろう。だが北の海みちがあるのである。

北海道や津軽半島・下北半島などに伝来したものが八戸の古墳墓に副葬されるとすれば、東北地方の中部や南部にこの種の遺物がなくて、福島以南に限られるものが北辺から出土しても全く不自然ではない。たとえば第一回の渤海使が北辺に着いたとき高仁義《こうじんぎ》以下一六人は殺されたという。仁義は寧《ねい》遠《えん》将軍という肩書を持つから環頭大刀も佩いていたであろう。とはいっても何もこの把頭を仁義のそれに擬定しなければならないというのではない。こういう史実があるからには、そういうような形の伝来があるはずだということを指摘したいのである。

渤海使や、養老の諸鞍男《もろのくらお》が靺鞨《まつかつ》に行ったような、八世紀では遅すぎるなら、天智天皇七年紀七月条に「高麗・越の路より使を遣して調を進む」とあるのなどを考え併せれば七世紀にも越の北の方すなわち津軽や下北に来る場合も決して少なくはないはずである。まして公的使節でない私的な交易や交渉を視野に入れたら、七世紀の粛慎記事の多い段階に限らず、それ以前でも朝鮮半島発東北北部行きの海みち往来はあったに違いない。環頭大刀が西の海みちでしか来ないという定まりはどこにもないのである。

再び米に立ちかえって考えてみても、風張《かざはり》の米が縄文から続縄文の時期北の海みちで伝わる可能性も絶無ではないけれども、南西日本で栽培されたものが運ばれるということも考えられるわけで、その想定に立つ時、これまでの定説から稲作を五〇〇年から七〇〇年も遡らせることになる総社における発見は、まさしく画期的なことである。そしてそれは、東アジア世界全体の中の学問的発見と相関関係を持っているのである。

邪馬台の禾稲

一九九二年四月号の「韓国文化」によると、ソウル大学考古学科の任孝宰教授を団長とする同大博物館調査団の一九九〇年までの調査において、金浦郡で採集した穀物の種が、大阪農業大学に依頼した調査で、米と粟の炭化物と判明、それを京都産業大学に炭素測定を依頼して「四〇一〇±二五」という絶対年代を得たというのである。その結果「これまで韓国の稲作は京畿道驪州郡欣岩里遺跡と平壌付近の南京遺跡を根拠に紀元前十世紀を前後する時期に始まったものと見られてきた。しかし、このたび金浦地区で炭化米が出土したことにより、韓国の初期土着農業の紀元は、それより少なくとも一千年以上遡ることになった」と報じられていた。大阪農業大学の名は寡聞にして知らないが、結論の趣旨には問題あるまい。すでに「南京遺跡では三千年前の米が発掘されたという」ことは、朝鮮側の文献によって昭和五十七年春に出版した『秋田の歴史』に採り上げてあるし、その後関連する『朝鮮遺跡遺物図鑑』原始篇で炭化した米と粟の出土遺物写真も見ていたので、かねて知っていたわけであるが、欣岩里のことは知らなかったうえに、金浦一帯からの炭化米出土の情報は全くの新知識なので、至って自然に総社のことの新報道と連絡させて受け止めた次第である。『魏志』に「差《やや》田地有るも、耕田猶《なお》食に足らざるがごとし」などと倭人の国について書いていることも、その文は最近倭に耕田のことが伝わり始まったという表現なのではない。

むしろ著者が東北地方に関して控え目に言った「斑状文化」の状態は、日本全土にわたって稲作伝来から何世紀間は余儀なく生じた現象であったことを物語っているものであるとみることもできる。「禾稲紵麻《かとうちょま》を種《う》へ、蚕桑緝績《こそうしゅうせき》あり」とも述べているのであるから農業は定着した産業であったに違いないが、にもかかわらず産額などは充分ではなかったことも明らかである。暖国を意識し対象として描写している地域の国々についてさえこう記しているのであるから、その当時のもっと東北地方の国々を書いていたとしたら「田地は少しはある。しかし飯米にはとても足らない」という情報が明記されていたに違いない。しかしいずれにしろ日本の縄文時代の晩期から稲作が東アジアの環日本海地帯の西方から南方には定着していることが客観視されていたという記録は重要な事実である。

邪馬台国の時代がまだ日本列島にとってきわめて未開野蛮な状態にあったと考えられてきたことは、近頃すでに絵画土器の出土などもあって話題を投げかけている通りで、文化段階の把握に問題があると認められる。同時に、稲作が伝われば皆一円の農耕潤沢社会になるものの如く単純に考えてしまう誤りを犯すことの危険さも、改めて戒めなければならないことがわかるのである。ただ『魏志』の倭人の伝に書かれている国々の風土性は暖国的であって、少なくとも寒国の風土は意識されてはいない。伝聞に基づく記述だとしても寒い地方が邪馬台国と関わりの薄い状況にあったことは明らかであろう。東日本は卑弥呼の国と密な関係を持っていなかったとしてよいと考えられる。しかし卑弥呼の国と密接でなかったということが、東日本や東北日本が存在しなかったということとも、そちらの文化段階が基本的に異なっていたということとも決して同義ではないのである。当然東北地方にも西や南に通じているような航路による交流のことはあったに違いないのである。そうでなければ島国日本の文化は一定の統一性のもとに成り立っていることができないはずだからである。

航路ということになると、卑弥呼の国についてこれまであまり考察をしないできた著者にも関心の深い同伝の記述があるのである。「倭の地温暖、冬夏生菜を食す。皆徒跣」とある段に、「渡海し中国に詣るとき、恒に一人をして、頭を梳《くしけず》らずして、蟣蝨《きしつ》を去らず、衣服垢汚《こうお》し、肉を食せず、婦人を近づけず、喪人の如くせしめ、名づけて持衰《じさい》と為す」と述べられる件《くだり》である。この人物は衰えている人でなく忌（斎）む人であることを意味しているが、航海する一行が吉善ならば彼の斎み慎みが効を奏したというので、皆が奴隷や財物を報いるし、もし疾病に罹ったり暴害に遭ったりすれば彼が慎まなかったということで、当然の如く殺そうとするというのである。

このどことなく「独り鬼道を事とす」という卑弥呼とも通ずるものがあるような呪術性は、古い時代に格別不思議でもないはずのシャーマニズムなのに、特記されて珍しがられたのは、日本列島からの使者は海みちで来訪するという当然の姿を持っていたからである。先年来佐賀県に吉野ヶ里という弥生時代の充実した遺跡が出ると、さらに奈良県の唐古・鍵遺跡で弥生時代の楼風の絵画が土器に描かれて出土し、さらに兵庫県の弥生中期加茂遺跡で方形溝が発見されて、相変わらずの邪馬台国九州説と大和説とが、自説を利する考古学の成果の如く対応することになるが、弥生文化がもっと古くからあり、かつもっと列島上に広く普及していたということを、これら各地の発見は示しているものと解すべきであろう。卑弥呼の時代になっても、だからこそ北朝と結ぶ邪馬台九州政権連盟が、すぐ近い朝鮮半島帯方《たいほう》郡を接点とした体制を持ち、さらに大和政治連合が、その国際関係と交錯しない形で南朝と関係を持つことができたのであると私考するのであり、北には大陸と日本海北岸とを結ぶ関係が存在し、もっと後世の粛慎《みしはせ》や靺鞨《まつかつ》などという、日本の文献に記録される勢力との交流の先駆をなすことになったと考えるのである。

この海みちは改めて分析するように渤海《ぼっかい》との交流においても絶えることなく機能したのである。かつその沿海州などと交流する場合には、東海・西海・南海諸道から出航して日本海を対岸に赴く例は、稀有のことだったと考えられ、やはり日本海に面した港から航海していたものと認められる。そこで私の想定する関係図は、朝鮮半島の方に向かう航路は概して、畿内地区に都が位置している場合、瀬戸内海経由を主とし、若狭湾辺り以西からも、対岸を目指したであろうが、沿海州などから来航したり、例えば養老四年の渡嶋津軽津司の靺鞨訪問渡航したりするような場合は「北の海みち」を用いたという図式になるのである。

二　伝統の生きる北の海みち

環日本海圏と比羅夫北航

日本海を挟んで、対岸が沿海州や朝鮮半島北部であり、中国東北部であって、こちらが、東北の日本海岸であるという交流の場合は、その往復の航路は前章で位置づけた「北の海みち」ということになるが、必然的にそれは、『おろしや国酔夢譚』の映画を作る委員会が、パンフレットの「おろしや夢幻行」の項で、大黒屋光太夫の一〇年間の旅路を参考図として揚げるような航路とは、全く異なる。光太夫らの伊勢から出てアリューシャンに漂流し、カムチャッカ経由オホーツクに至る往路は、甚だ大廻りであることは言うをまたないが、帰路もオホーツクからで、同時代の寛政四年（一七九二）十月六日に、旅の文人菅江真澄《すがえますみ》が、四年間滞在した北海道を後にしようとする松前での日録に「この頃もはら人の語りてけるは」という盛行の噂として「紀伊国の船人が卯の年（天明三年）にカムサッカ（加武左都柯）に漂流し、このたび無事残ったものが東蝦夷のキイタップ（枳爲太都婦＝根室）に送られて帰った」旨を記述している。実は紀伊でなく伊勢、天明三年でなく二年（一七八三）なのだが、噂ではそうなっていたのであろう。悪いことだという人がいたらしく「よきことにやあらん」とわざわざ見解を付している（「牧の冬かれ」）ように、根室に着くのであるから、日本海を通らないわけで、古代の北の海みちが環日本海文化帯で果たしていたところと、比較することはできない。

それに対して、現代近時のものであるが、東北インテリジェント・コスモス構想推進協議会のニュースである『Ｉｎｔｅｌｌｉｇｅｎｔ　Ｃｏｓｍｏｓ』（ＶＯＬ・２、一九九二年三月三〇日発行）に「環日本海シンクタンク整備構想」なる項目があり、その中で「環日本海経済圏」という概念地図が掲げられているのは、日本海域内のことなので甚だ興味のあるところである。それは、平成三年（一九九一）夏にシンクタンク設立の検討委員会が発足して以後、東北インテリジェント・コスモス構想推進協議会事務局が担当して作成したものであるから、この段階の実勢を良く捉えているものと判断される。すなわち日本（面積三七万八〇〇〇平方キロ、人口一億二三二六万人、ＧＮＰ二兆三四六三億ドル）、旧ソ連極東地域（面積六二一万六〇〇〇平方キロ、人口七八六万人、ＧＮＰ一五三億ドル）、中国東北部（面積九六〇万平方キロ、人口九七八九万人、ＧＮＰ五〇三億ドル）、北朝鮮（面積一二万三〇〇〇平方キロ、人口二二五二万人、ＧＮＰ二〇〇億ドル）、韓国（面積九万九〇〇〇平方キロ、人口四二三八万人、ＧＮＰ二一〇一億ドル）の四ブロックを重点開発地域の枠内に位置付けた環日本海圏の地図である。

この図には航路などなく、もちろん現時の問題として記入するとすれば航空路も不可欠になるはずであるが、もしそれを書き込むとすれば日本海を直線的に飛ぶことを表すことになり、連動的に航海も最短直線路を意識することになろう。当然著者の言う北の海みちなどは思慮の対象となっていない。しかし古代環日本海文化圏の存在はこの北の海みちなしにはあり得なかったのである。それは右の「環日本海経済圏」という現時の発想的定義においても、樺太や北海道を除外しては、それが成り立たないことからも明白なことなのである。

だから、古代の日本海の渤海航路として、赤い線を北陸から朝鮮半島北部に一直線に引いた歴史教科書の地図などは、常識となっていて殆ど問題にされていないのであるが、それは後世的な日本海航路の常識だということなのであって、決して歴史上吟味の余地のないことなどではないのである。それどころか八世紀末の段階までの北の海みちは、序章で指摘した陸路を前提とした、太古からの伝統であると認められるのである。

斉明天皇紀四年是歳条《このとしのじょう》に越の国守阿倍引田臣比羅夫《あべのひけたのおみひらふ》が粛慎《みしはせ》を討って生きた羆《ひぐま》二匹と七〇枚の羆の皮を奉ったとあり、同五年紀でも割註として引いた「或本」に、比羅夫が粛慎と戦って帰り虜《とりこ》四九人を献じたとある。史料上この期に比羅夫の蝦夷と粛慎との接触は明別されているし、羆も、一般に蝦夷といわれる領域の東北北部とは、無関係の動物であることはいうまでもない。少なくとも北海道以北の動物である。越の国守比羅夫が、直接か間接かは別として、津軽海峡より北の大地に関係を持ったことは、史料上確かである。となれば、比羅夫は初めから粛慎を意識して北航したと考えるべきである。

もちろん比羅夫の北航が粛慎との接触を求めてだけ行われたなどと言う心算はない。他所でも述べているように、彼は先ず阿倍水軍の提督である。当時の唐と新羅対日本と百済という対立図式の国際関係の中で、海峡乗り切りの演習をしなければならない使命があった。越国守であった彼の勢力圏ともいうべき若越・能佐の海では海峡はない。朝鮮海峡などで臨戦的演習をするには緊迫度が大きすぎる。一番適合性を持つ海域は日本海のより北方の安全なところで、海峡をなす海は、最も近いのが津軽海峡である。航路は自から決するであろう。

比羅夫は地方長官である。北航するなら当然、軍の船隊を碇泊させる港津が必要であるのと同じ程度に、国の下部機構である郡を制定設置しようとする行動に出得る場もまた必要である。これらは至って自然の道筋である。果たせるかな、齶田（秋田）・渟代（能代）・津軽という三つの郡を置き郡領を任じたのである。秋田湊・能代湊・十三湊を基点としてその後背地を郡域とするこの設定行動は、いわば越国津軽郡までの見通しを持っているものとすることができる。もちろんこの時は郡は評、郡領は評造という文字を当てられていたものと考えられるから、現在斉明紀で見る「郡」や「領」の文字は『日本書紀』編纂時における修字なのであろう。

北の海みちについて考察するにあたり印象的な史料がある。右の評造たちの名は表示すると、参考に掲げた渟足柵造とは明白に異なっている。渟足は沼垂に名を伝えている新潟付近の地名であるから、柵造という司令者が、普通の日本の古代人名に等しいことは当然だが、それと対比してみると明らかなように、三郡（評）の長次官の名は、氏も姓もない名前のみである。もちろんこれまで日本氏姓古代国家の組織機構に属したこともないのであるから、氏も姓もあるべくもないのかもしれないが、その名の形式や様式だけではなく、言語上のオンガ・シャニ（ナ）クナ・ウバサ・マム・アオヒルなどという名辞も、明確にヒラブ・イナツミなどの比良夫貝や稲にゅう（にお）を考え合わせることができる古代日本語と異なる。現に青蒜の文字を当てているアオヒルは日本語でこの名の植物に比定できなくもないが、シャニクナ・ウバサ・マムなどの漢字を全く音標文字としている例は、とりわけウバサをウバサケムとする説に立てば、むしろ後に出てくる持統紀の粛慎人「志良守叡草」をシラスエソ（ウ）と訓むのと軌を一にしている。持統紀には蝦夷で「脂利古」シリコや「伊奈理武志」イナリムシがいるが、それと同列の語といえる。

さらに斉明天皇四年紀と五年紀及び六年紀には、同様の人名・地名がいくつかある。先に挙げたものを除いて、都岐沙羅・胆振鉏・肉入籠・問菟・菟穂名・後方羊蹄・渡嶋・胆鹿嶋・弊賂弁嶋などである。秋田を表す齶田も一見異様な文字だが、四年紀の齶が五年紀では「飽」になっているから、現地音の鼻濁音的発音などを写す場合に、担当書記者がどう聞き取ったかの差で、天平五年紀で「秋田」と表記されてから以後定まっている名辞を表すと解することを疑う必要はあるまい。ところでこの地名や人名であるが、

秋田	恩荷（明示はないが評督）
能代	沙尼（奈）具那（督）、宇婆左（助）
津軽	馬武（督）、青蒜（助）
渟足	大伴君稲積（柵造）

見たところ同類に思えるのに、一つの差異があるのである。

それは、書式上、齶田・渟代・恩荷・津軽・有間浜・沙尼具那・宇婆左（健武）・馬武・青蒜・都岐沙羅・渡嶋・胆鹿嶋・弊賂弁嶋のように訓を伴わないものがある一方で、胆振鉏（伊浮梨娑陛）・肉入籠（之之梨姑）・問菟（塗毗宇）・菟穂名（宇保那）・後方羊蹄（斯梨蔽之）という例のように訓が示されている一群があるということである。これは本来中央史官や文人が辺境の地名であろうとも難なく訓める人名・地名と、馴染がないために訓むことが難しい人名・地名とがあったということを示すものである。

実際は「問菟の蝦夷胆鹿嶋、菟穂名」とある五年紀の文章について、菟穂名にならぶ胆鹿嶋に訓がない例もあるが、これなどは、惑うことがあるまいとて省略されたか、伝写の間において落ちたかしたものであろう。いずれにしろ、比羅夫の到達した北航の目的地には北の海みちでしか来なかったであろう次に述べるような粛慎、その粛慎人である志良守叡草という人物と同じような文字表記をされる、胆鹿嶋や菟穂名や沙尼具那や宇婆左という北方の人々、その人々の人名と同じ形式で文字表記される、肉入籠や問菟や胆振鉏や蔽賂弁嶋や後方羊蹄などの地名、この三者、もっと集約すれば、粛慎を示す名詞と、それと軌を一にする北日本の人名地名の名詞の間には、何らかの関連などという漠としたものではない密な関係が想定できるのではないであろうか。著者はそう考える。そしていうまでもなくそれは親近性である。粛慎と呼ばれるツングース系北方アジア人と、比羅夫が北航した目的地の北東北から北海道の人々の間には、深い関係があったと認められるのである。

そういえば、四年紀七月四日条に「渟代郡大領沙奈具那に詔して、蝦夷の戸口と虜の戸口とを検覈せしむ」という記述がある。虜はどういう性格のものかは明示がないし説明もない。だから蝦夷と蝦夷との戦で捕虜になった別部族の蝦夷であるとも考えることができるし、蝦夷と戦った日本人の捕虜になったものとも考え得る。だがもう一つ考えることができる。それは粛慎などの虜ではないかということである。後の項で見る如き粛慎との武闘が実際に行われていることからすれば、蝦夷と粛慎のトラブルによる虜と呼ばれる者の存在し得る可能性があるということである。

本来「虜」の語義は捕虜のほかに、召使とか蛮人とか敵とかいう意味がある。だからもし蛮とか蕃とかという意味に取れば、「蝦夷と外国人との戸口」という表現の当たる状況があったということにもなる。渟代に外国人が来ていたとすれば、しかも住んでいたとすれば、その北の津軽にも、あるいは南の秋田にもそういう居留者がいた可能性がある。形式論的には、その蕃すなわち外国人としての虜は、中国から来ていても済州島から来ていても、あるいは東南アジアから来ていたとしても、格別矛盾はない。だが常識的にいえばそれは北方の外国人であることこそ最も妥当性がある。北方の外国人として一番近いのはこの段階では粛慎人であろう。当然北の海みちで来住したに違いない。

斉明四年紀で比羅夫北航問題の最初の記述は、齶田、渟代二郡の蝦夷が、一八〇艘の阿倍水軍を望み見て怖れ帰順を乞う場面である。その時に齶田蝦夷の長である恩荷が進み出て誓って言ったのは、官軍の為の故に弓矢を持たず。ただ奴等性肉を食ふが故に持てり。もし官軍の為に弓矢を儲けたらば、齶田の浦の神知りなむ。清白けき心将ちて朝に仕官らむ。

という言葉であった。要するに秋田や能代の地方の蝦夷と呼ばれた人々は肉食で、しかも牧畜民ではないので、狩猟をするため弓矢を持っていたということなのである。いわば産土神に誓いを立てて順服の情を申し述べ、比羅夫もそれに「仍って恩荷に小乙上を授け、渟代・津軽二郡の郡領も定めき」という処置で応じたのであるから、恩荷の主張は正当なものであったと認められる。しからばその北方狩猟性は単に縄文時代以来墨守されてきた伝統なのであろうか、どうもそう単純には決められない。むしろそうではなかったと考えざるを得ない。

すなわち津軽や秋田地方は弥生文化を完全に備えていた過去を持っていたのである。昭和三十一年青森県南津軽郡田舎館村垂柳《たれやなぎ》で、弥生遺跡が発見され炭化米が認められたが、同五十六年晩秋、道路工事によって遂に弥生水田跡が発見された。浅瀬石《あせし》川扇状地の現在水田の数十センチの下に、長さ八〇〇メートル幅四〇メートル、三万平方メートル余の水田跡が五十七・五十八年と本格的に調査されたのである。水流の形成した三層の火山灰層があり、この中で真中に当たる火山灰堆積層の下に、二十数センチの厚さで弥生時代水田耕作層があった。浅瀬石川の氾濫で火山灰に一挙に覆われ、千数百年間現在までの深耕水田の耕作にも損われずに、この範囲内で六五六枚の水田が発見され、平均一枚八平方メートルの面積で、大きいのは二二・四平方メートルもあるが、一番小さいのは一平方メートトル余のミニ水田であった。まぎれもない弥生水田であった。

それどころではない。昭和六十二年（一九八七）秋に、弘前市の砂沢遺跡では、紀元前二、三世紀の弥生時代前期の水田跡が発掘されたのである。西日本に伍してもひけを取らぬ早い時期の稲作の存在を示している。そして秋田市の地蔵田《じぞうでん》遺跡でも、前期の遠賀川式土器が発見されていて、北九州の早くからの弥生時代稲作文化の伝来を証明している。もちろん恩荷の勢力圏に属しているし、能代と秋田の中間に当たる南秋田郡若美町の志藤沢《しどのざわ》を中心に、男鹿市や八郎潟対岸の同郡井川町の新間《あらま》遺跡などに、弥生文化の存在していることが昭和三十二年（一九五七）の調査以来逐次発見されてきている。もっと北の陸奥湾沿岸の下北半島などからも稲作遺跡は発見されている。縄文時代以来そのままの狩猟生活を恩荷らがしていたわけではない。すでに稲作のあるところで七世紀になっても北方的狩猟生活が行われていたということは、先の北方系外来民の居住が示していることとならんで、生活様式や生業においても、北方からの刺戟がくり返されていたことを物語っている。もちろん刺戟は海みちでしか伝わり得ない。

このように軍事・行政の比羅夫北航の意味を確認したうえでも、北からの刺戟のある港を掌握していく彼の手法の中には、もう一つ重要な意味が見られる。そしてそれこそが、斉明朝にかかわる史料を分析し編輯する時に、奈良朝までの史家や官人が「与粛慎戦」とか「伐粛慎国」とかと把握し位置づけた、先に指摘の粛慎との接触のことに結びついていることなのである。

要するに粛慎と接触するためには、東北地方北部の日本海側諸港に出向くことが絶対の必要条件だったのである。それは粛慎は北方日本海にしか来ていなかったからである。粛慎のことが史料に見えるのは欽明《きんめい》天皇紀に、越国から佐渡に粛慎人が船に乗って来て留っていると言上された、というのが最初である。これだけだと粛慎人がいずれの方向から来たのかはわからぬが、佐渡はやはり北方からの海域に属している。南から来たとか西から来たとかは考え難い。粛慎が西から来たと目されるのは、天武天皇五年紀十一月条に新羅の使臣金清平に従って来た粛慎七人のみである。これは新羅の送使が清平らを筑紫に送ったとあるから明白である。

粛慎などというのは単なる漢籍の模倣に過ぎないとする説も古くからあったが、蝦夷の別称にすぎないという考え方もある。そして斉明紀の粛慎を欽明紀に準用したものと見る説もある。だがこの準用説は、欽明紀にある史料の指すところが、実在性豊かな斉明紀の史料の言うところと同一性が高いと認めている『日本書紀』編者の判断の存在したことを、如実に物語っていることになる。

その最も纏まっていて信度の高い斉明紀の粛慎記事による限り、彼らは東北北部とか北海道とかという日本列島の北部にしか来ないのである。来ていないのである。それ故北航してその地に到らない限り比羅夫は粛慎との接触はできなかったのである。だから比羅夫の北航には何か粛慎に接触しなければならない理由があったのであろう。そしてそれを私は交易であると考えるのである。

北航と粛慎交易

交易と考える私見が導き出される前提としては、比羅夫の目的としたところが秋田以北の港であることの明白な事実がある。もっと南で安定している渟足《ぬたり》でも磐舟《いわふね》でもなかったのは、そこでは目的を達し得ないからである。目的を達することとはどんなことであるかを一応問わないとしても、律令時代に越後となる領域では駄目であるだけでなく、出羽になる地域の最上川河口部酒田でも、加茂や吹浦《ふくら》などの庄内の港でも、象潟《きさかた》や本荘《ほんじょう》などの由利《ゆり》の港でもだめなのである。そしてそれは、一時代前の先学達には現実性がないとされていた北海道島をも視野におさめた範囲で、北なら北ほど接しやすいとされる相手を対象としているわけである。

さて斉明六年紀には、比羅夫は未知のところに行くからであろうが、陸奥の蝦夷を水先案内にして北方に航海し大河の側に到達したとある。そこに渡嶋蝦夷千余が海辺に集まって河沿いに屯営していたが、二人のものが進み出て「粛慎の舟がやって来てこちらを殺そうとしているから、河を渡り官軍に従って保護してもらいたい」と叫んだところから、事態は展開するのである。

舟を出して二人を呼び比羅夫はその船数が二十余艘であることを知る。そこで使を出し呼んだが来ない。すぐに染めた絹織物と武器と鉄とを積んで、粛慎が欲しがる気持を刺戟した。予期の通り船を連ねやって来た。彼らも日本側が北方交易で求めている鷲や鷹の羽を棒に旗のように掲げ提示して、一斉に浅瀬に漕ぎ寄せ停った。

一艘の船から老人二人が出て来て積んである物をよく見て吟味してから、ひとえの着物を迷わず身に着け、麻布一端ずつを提げて船で戻って行った。ところが急に老人がまたやって来て返品し船で帰ってしまった。比羅夫が何艘も船を出して呼んだが対応せず、弊賂弁島《へろべ》に戻ってしまった。しばらくして交渉を求めてきたが、皮肉なもので今度はこちらが応じなかった。

結果として戦いになった。彼らは自分の柵に籠って激しく闘って、能登臣馬身竜《のとのおみまむたつ》という能登の国造《くにのみやつこ》族である部隊長が戦死するほど比羅夫軍を苦しめ善戦したが、戦闘を止め妻子を殺し自滅した。交易は成立しないでしまう。『日本書紀』の編者がひたすら「粛慎を伐った阿倍水軍」という位置づけをすることになったのである。だから相手の欲しがり求める心を刺戟するためという解釈を加え、欲求心を第一義に置いた成文をしている繊維品などを積んだことは、こちら側の商品展示だったのである。もちろん彼らの羽を旗のように掲げた行動も、戦の印の旗を掲げたのではなく、向こう側の交易品見本を示したものに外ならない。

弊賂弁島がどこかという確定はできないとしても、とにかく粛慎が本拠たる柵を北海道島の近くの島に営んでいたということは注目に値する。比羅夫が北航したのは、粛慎と直接交渉交易をするためには、この本拠に近づかなければならなかったからである。粛慎は北の海みちからしか来なかったものと認めていい。根拠地を造っていたぐらいであるからその海みちには伝統的恒常性があったものとも考えざるを得ない。その恒常性ある伝統の海みちで来ている粛慎との交渉や交易を求めていたのなら、何故に比羅夫乃至は北陸豪族の水軍は三か年だけの北航で止めてしまったのであろうか。理由は北航を続け得ない重大切実な状況が生じたからである。

三年で中絶したのは、結論的に言えば国際政局の変化によって惹き起こされた状況である。斉明六年秋は、我が国と同盟関係にあった百済が、唐を背景にした新羅の攻撃を受けて、存亡の危急を迎えていたのである。日本は軍を派遣し、比羅夫の水軍もその戦列に加わった。斉明七年紀によれば、その八月百済に派遣された前軍は阿曇比羅夫軍が中心であった。後軍は阿倍比羅夫軍が中心であった。同名の比羅夫ながら、阿曇は連、阿倍は臣であった。氏姓制下で連は大王家の譜第的臣下豪族、臣は発生的には外様的独自豪族で、明白に区別できる。そして翌年の夏に、百済王朝の恢復について阿曇比羅夫軍が王子に百済王位を継がせているので、一応の成果は挙ったのであろうが、天智称制二年（六六三）三月に前軍の長官上毛野稚子《かみつけぬのわくご》・中軍の長官巨勢訳語《こせのおさ》らとともに、阿倍比羅夫は後軍の長官として、またその水軍を率いて出動する。当然天智称制元年は出動の合間であるが、東北に軍をめぐらして北航することはできなかった。対外的緊張が続いていたからである。

そのうえ天智称制二年の出動は、秋八月にあの白村江の大敗戦があった。『日本書紀』には前軍と中軍の惨敗だけしか記録されていないから、後軍の阿倍水軍は唯一無傷の水軍として日本を護るべき存在となったはずである。むしろ彼の軍もそれなりの損耗を受けていたと考えるべきかもしれない。だとしてもこの残余軍は外敵に対する唯一の水軍である。時勢の赴くところ阿倍水軍は国防上の第一線西海に配備されることになる。九州に釘づけになった以上東北や北海道に航海することなどできない。粛慎との交易よりも、北方の郡制整備よりも、唐や新羅に対する軍事的対策が優先することは明白である。事実阿倍比羅夫は大宰率に任じられたのである。『日本書紀』などに彼に直接言及してこのことを記す史料はない。だが『続日本紀』に間接の史料がある。

養老四年（七二〇）紀正月二十七日条に「大納言正三位阿倍朝臣宿奈麻呂薨ず。後岡本朝筑紫大宰帥大錦上比羅夫の子也」とある。白村江の戦から五七年、その子が薨じても不自然はあるまい。率は奈良朝的に帥と書かれているが、後の岡本の宮すなわち斉明朝の大宰府の長官になったことは確かである。もちろんこれは比羅夫がその水軍の北航を止めたうえで、斉明天皇七年（六六一）に、天皇崩御以前のこの年の前半に大宰府の長官に就任したと限定しなければならないということではない。中大兄皇子称制期間の六六七年初までの間に就任したとしても、特に矛盾はしない。近江朝という区分づけは称制六年の三月に大津宮に遷都してからのことになると考えられるからである。

要するに、阿倍比羅夫が北航を止めたことは、魅力ある北の海みちによる北方からの来航が東北日本になくなったからでもなく、彼が接触を求めた粛慎が来航しなくなったからでもなかったのである。もしも彼が朝鮮海域に出兵したり西国に勤務したりすることがなかったとすれば、淳代から奈良朝には野代と表記されるようになる能代も津軽も、なお阿倍水軍との関わりにおいて、史上にその北の海みちを受ける港津としての名を表し続けたことであろう。

日本列島形成以前のこの地は、日本海流に東海岸を洗われながらも、なおユーラシアの大陸に連なり、しかも次第に南の方から対馬海流になる暖流が日本海に流れ込むようになっていた。より北方の寒冷で乾燥している沿海州やシベリア方面からは魅力ある暖かい緑の地であったものと考えられる。北側からは陸橋によって人々は南下してきていたはずである。旧石器の細石刃《さいせきじん》などがそれを物語っている。

しかしやがて対馬海流の発達によって津軽海峡や宗谷《そうや》海峡が形成される。水面の高さが上がり、日本海の湿気を含んだ西北風が発達し多量の降雪を見るようになるが、針葉樹林帯も次第に後退し、相当広範囲に落葉広葉樹林帯が形成されることになる。むしろ気候は乾燥寒冷よりも多湿で厳冬期はそれなりに限定的になったことであろう。

当時の海流は、細部では現在と異なるにしても、大方は日本海流・千島海流・対馬海流・リマン海流が現在のように列島の岸を洗いながら気象上の影響を与えていた。そしてそれぞれの海は列島とユーラシア大陸をつなぐ海路を形成していた。縄文早期末から前期にかけて出現する遺物の玦状耳飾《けつじょうみみかざり》などにより中国江南との関係を重視し、北陸の越《こし》・古志《こし》の地名も「越《えつ》」国に由来するのではないかという説があるほどである。先に見たような卑弥呼と江南の関わりを想定する立場さえあるほどで、東シナ海からの海みちは無視できないことは既述の如くである。

だが仮に北陸などの岸を洗って北流する対馬海流に乗る航海をした舟人がいたとすれば、それが一方通行で往って戻らないとは考え難い。後世の北前船のような往復の舟路はあったに違いない。さらにいえば、数千年の地続きが切れて三海峡が形成されてから北方から南下する人々が、当時の小さい舟と未発達の航海術によって日本海中央部を一路突っ切ってくることなどは考えにくいであろう。通常の天気なら対岸が見えて着くべき港の方向が確認できる狭い三海峡を経由する方が遥かに安全である。それは朝鮮半島と対馬の間では対岸が見えるとはいっても玄海灘や響灘の難所を控えている朝鮮・対馬海峡を通る西の海みちよりも安全な航路である。

朝鮮半島北部や沿海州から船出して、左手の陸地に沿いながら、沿海州漁撈民が日常的にも馴染んでいる船路を天候を観ながら東進し、荒天になれば港湾に寄って難を避け好天に従って東進して数キロの間宮海峡を渡り、樺太島の西側を同様に南下し、宗谷海峡を渡って北海道の日本海とオホーツク海の潮目の辺りに達し、北海道島の西側をさらに南下して津軽海峡を渡る。そうすれば津軽半島から秋田男鹿半島の方向に来着することになる。これが北の海みちなのである。

アレウトやカムチャッカから千島海流で三陸沿岸の方に着くもう一つの北の海みちもある。だが沿海州・中国東北部・朝鮮半島北部から来る人々のみちと、アレウト・カムチャッカ・千島から来る人々のみちといずれが太い海みちであるかは自明である。ことに沿海州方面から日本列島への来航にはリマン海流の存在も重要である。この流れに従えば日本列島北半への北の海みちは、風が順になれば一層速度を増すであろう。そしてその場合、少し内陸には位置するが平野の中で四方からよく仰がれ、当然海上からも遠望できる岩木山《いわきさん》、文字通り海岸に屹立する鳥海山《ちようかいさん》、少し内に入るが前面に山嶽がなく真夏を除けばいつも白雪を頂く月山《がつさん》などが、大きな指標になって航海を導いたであろう。

原始交流の伝統

それを如実に物語る考古学上の遺物がある。青森県東津軽郡平館村今津《たいらだてむらいまづ》遺跡から「三足《さんそく》土器」と名づけられる胴体に脚が三本付いた縄文土器が発見されている。考古学者たちの研究で中国の鬲《れき》を模した土器と考えられている。青銅器を土器で仿製《ほうせい》するものだろうかという疑問もあるだろうが、実はそういう仿製物があるのである。いわゆる「内反《うちぞ》りの石刀《せきとう》」という長さ三〇センチ前後の粘板岩《ねんばんがん》（スレート）の磨製石器である。名の如く内側に彎曲しその内側が刃に当たっており薄くなっている。外側が厚く背に溝のあるものもある。長方形が梯形の握り頭には彫刻のあるものもある。

利器の形をしているが材質などから実用品とは認められない。祭器とか儀礼の権威の表徴とかいうものであろうが、この石刀は東日本に分布しとりわけ東北地方から多く発見されている。そしてこれはユーラシア大陸北部のシベリア青銅刀といわれるものを模したものとされている。日本に伝来したものを模倣したものか、対岸に渡って見た銅刀を模したものかであろうが、いずれにしても北方の影響を強く示している。そしてこのような文化の影響は単にこの石刀にだけに限られるものとは到底考えることができない。事実東北の北部と渡島半島南部で発見されている粘板岩や安山岩《あんざん》製で青竜刀《せいりゅうとう》石器と呼ばれるものがある。秋田・岩手二県では県北地域で出土する。磨製で三〇センチくらいの縄文時代後期の石器である。そして、鉄砲形石器という中期のものがその祖型であろうという。これらは決して発見例が多いとはいえないが、縄文時代前期・中期の円筒《えんとう》土器の分布と重なる出土範囲を持っている。北方的文化の遺物でありしかも大陸と密接な関係を持つことは疑いがない。

石材の仿製品であり時には石製模造品などと呼ばれたものとは違って、本物の大陸青銅利器も東北では発見されている。山形県と秋田県が日本海岸で接するところに三崎《みさき》峠という「奥の細道」では芭《ば》蕉《しょう》も通ったという旧跡がある。そこで珍しい青銅の刀子《とうす》が発見された。昭和二十九年（一九五四）の秋のことである。実は、二六センチほどのあの内反りの刀子で中国殷時代の物であった。

どういう形であったかは別として、縄文時代の中期から後期に変わる頃にこの利器は日本列島に伝わったのである。青銅器のことだから腐蝕しにくい。後世もたらされた遺物であろうとの見解も成り立ち得なくはない。だがこの遺物の周辺からは縄文時代中期の遺物が発見されていて、その同時性は確認されている。この利器を持った人が大陸から直接来たか、大陸に渡って持主に接してこの刀子を手にした縄文人が、三崎峠の地に来て遺物として残すことになったか、いずれにしても大陸と無関係でこの刀子がここに存在することはあり得ない。

南に伝わったものが対馬海流によって東北に伝来したとの見方もある。これ一点ならそれもよかろう。だが石刀は右の如くで東北に濃密である。この刀子が北の海みちで伝わったと考えることも決しておかしくはない。その際鳥海山の存在は甚だ重要な意味を持つであろう。三崎峠は鳥海山の日本海に向かう尾根の海岸末端なのである。先にも触れたが鳥海山は二二三〇余メートルで東北第二の高峰であるのみでなく、海岸にそそり立つから、もし噴火でもしていたら日本列島北半では無類の灯台たり得たであろう。日本の青銅器文化が成立するより一〇〇〇年も早い時期に、中国大陸の精銅刀子が北の海みちで鳥海山を指標に来航した人々によってもたらされたと考えるのは、果たして現実性のないことなのであろうか。

このように原始時代から東北の天地が目指された可能性は、考古学者が推計している日本の人口の推移によっても高まる。当初西日本から始まった縄文文化は、中期段階までは順調だったのに、後期頃から人口減少をきたし、甚だしくは半減する状況になったと推定されている。晩期はさらにひどく、関東や中部は中期の十分の一にもなる。絶対数は東北の人口も減少したが、相対的には日本列島全体の半数以上の人口を東北地方が擁していたとされている。落葉広葉樹林帯の食糧獲得が充実していたことの表れであろう。大陸から来航する人々にとっても居住適性のすぐれている北東日本は、魅力的で、北から海路南下する人達の目的地となった可能性があるのである。そして少なくとも斉明紀で見たところで明らかな通り、歴史時代になり、日本律令国家体制の形成期に至るまで、北の海みちは健在だったのである。しかもその東北地方は大和勢力にとっても氏姓古代国家の時代から除外しておけるようなところではなかった。平成五年九月に青森県上北郡天間林《てんまばやし》村の森ヶ沢《もりがさわ》遺跡で国立歴史民俗博物館の調査団が発掘した土壙墓《どこうぼ》からは、北大式《ほくだい》という北海道の土器と共に、五世紀末から六世紀初めにつくられたとみられる畿内系の須恵器が出土したのである。多くの副葬品や土師器も出土していて、南北文化の交流性を示している。墓の主のこの地の有力者は、考古学でいう古墳時代に大和中央勢力とも接触を持ち、北方の文化とも密に接触する地位にあり、その立場を評価されていたものと判断することができる。

三　粛慎から靺鞨へ

渡嶋津軽津司と多賀城碑

粛慎と記されミシハセと訓まれていた人々が、中国古代史上の粛慎と同一の族であることは必ずしも要しないが、いわゆるツングース系北方アジア人であることは確かである。だからこそ北の海みちで来日するのである。天武天皇五年紀十一月条に粛慎人七人の来日のことが見えるが、先に触れた如くこれは新羅の使節金清平に従って来たとあり、新羅使は清平の外にも金好儒・金欽吉らがおり、さらに筑紫まで送使もいたが、北方でも粛慎との交流がなくなったのではない。比羅夫の任国であった越で持統天皇三年（六八九）に沙門道信という出自が蝦夷の僧に仏像以下を賜与したことがあり、それから半年後には越度島《こしのわたりしま》蝦夷八釣魚《やつりな》らに賜物があり、やがて十年（六九六）に前章で触れた粛慎の志良守叡草《しらすえそう》という人物が越度島蝦夷伊奈理武志《いなりむし》とともに服や斧を賜わったという一連の史実があった。志良守叡草以外粛慎人という明記はないがみな越の国との関わりを持つ流れの中にある人物と事柄である。賜物の対応は前提に貢物があったと考えるのが自然である。やはり古代の交易の一形態だったのであろう。越には北から来航したに違いない。

令制形成期を終えて律令制が確立する文武天皇元年（六九七）になっても、旧越国《こしのくに》の北部を一国とした越後《えちご》の蝦狄に物を賜い、翌年にも翌々年にも越後蝦狄が方物を献じ、越後蝦狄一〇六人が爵位を与えられたなどのことが続く。方物とは土産の意であろうが、あるいは北の対岸からの交易品で、越後地方の蝦狄が中継的に交易貢上した可能性も強い。和銅五年になって出羽国が独立するまで、出羽や津軽や渡島は、越の後身たる越後の領域とされていたと考えられる。蝦狄が方物として貢上したものの帯びる北方的性格は一層はっきりすることになる。

やがて粛慎との交渉のことが史上に表れなくなってから「靺鞨《まつかつ》」が史籍に出てくる。養老四年（七二〇）に「渡嶋津軽津司《わたりしまつがるのつのつかさ》従七位上諸君鞍男《もろのきみくらお》ら六人を靺鞨国に遣わし、其の風俗を見せしむ」という例の『続日本紀』の記述がある。これが現在伝わる最初の靺鞨史料である。そして、粛慎に代って靺鞨が登場してくるのにはそれなりの理由がある。『隋書』で靺鞨は昔の粛慎の後であるとしているような、中国の認識があり、事実として次のような歴史の移りがある。

ユーラシア大陸で、ツングースの部族の間に政治的な変動が生じた。隋・唐の頃から靺鞨部の名が起こってくる。そしてその靺鞨部から、唐の攻撃による高句麗《こうくり》滅亡後に、高句麗支配下にいた靺鞨人ともあるいは高句麗人ともいわれている大祚栄《だいそえい》の一党が政権を樹立するのである。契丹《きったん》人李尽忠《りじんちゅう》が挙兵したのを機に、大祚栄らは移配されていた現在の遼寧省《りようねいしよう》の営州《えいしゆう》（朝陽《ちようよう》）から脱出して、現在の吉林《きつりん》省敦化《とんか》に震国《しん》を建てることになる。西暦で六九八年のことであるから鞍男が渡海する二二年前のことになる。

だからこそ、この段階から日本の史書に、北方ユーラシアのツングース人として意識され記録される対象は、靺鞨になるのである。その後に正式来使し長く交流して「渤海」であることをはっきり知っているのに、何故靺鞨としたのであろうか、これにもしかるべき理由がある。『旧唐書』の玄宗本紀開元七年（七一九）三月条に「渤海靺鞨郡王大祚栄」としてその死を記録している。ちょうど我が養老三年に当たり、鞍男渡靺の前年のことである。祚栄の死で、子の武芸が国王となるが、この武芸が第一回目の遣日使節を発したのであり、それは神亀四年（七二七）のことである。しかも『旧唐書』は開元十四年（七二六）十一月条でも「渤海靺鞨」が来朝し方物を献じたと記し、同二十年（七三二）九月条にも「渤海靺鞨」が登州を侵したとする。同書は開元二十六年（七三八）条でも「渤海靺鞨」王の武芸が死に欽茂が立ったと記している。渤海と靺鞨は一体の存在なのである。しかもこの一年後の天平十一年（七三九）に第二回の渤海使は来着しているのである。

渤海は靺鞨に他ならないと認識していたのは、中国だけではない。その関係の良否はどうであろうと最も近い隣国の新羅でも、『三国史記』巻四十三の「金庾信伝」開元二十一年（七三三）条では、「靺鞨渤海」と記し、その立場を非難している。順序は逆であるが唐と同じように靺鞨と渤海は一つのものである。多くの国際的情報を唐や新羅から得ていた日本が、渤海国であっても、それが靺鞨から興ったものであると知っていたことはきわめて自然のことである。靺鞨の政治の纏まりが、国としての形態を持つとすれば、「靺鞨国」と表記されることになったわけである。そしてその靺鞨の国は、単に従来の在地勢力とか東北や北海道の地方住民とかの対応する相手ではなくなる。それ故に日本律令国家の津司なる役所が公務として国情視察に赴くことになったのであろう。

渡嶋というから津軽海峡までを含み本州の津軽から見てその対岸をも意識した港津管轄の任務を持つ津司は、長が従七位上であるが、それは令制の「司」と表記される級の役所として常識的である。それにしてもその港津が国内航路の管理だけをしているわけでないことは、官人一行が対岸に出向いていることで知ることができる。

この顕著な『続日本紀』の条文は現在のように古代東北史の研究が量的にも進んでいない段階でも注目を受けていた。すでに大正時代に喜田貞吉《きたていきち》博士が注目しており「渡島の津軽津司諸君鞍男等六人が、靺鞨国に視察に行ったこともあります。併し其の後は関係が遠くなり、夷の島として放任された」と述べたのである。夷の島というのであるから樺太島ぐらいのことを想定されたわけであろうか。

渡嶋津軽津司のことはその後史料が伝わらないが、靺鞨国のことははっきりした史料がある。碑文にある「靺鞨国界三千里」という一行の文である。この碑とはいわゆる「多賀城碑《たがじょうひ》」である。多賀城は陸奥の国府であり、陸奥按察使《あぜち》（のち陸奥出羽按察使といわれる）の府でもあった。按察使は養老五年（七二一）以来出羽国をも管轄下に置くことになった東北最高の東北州知事ともいうべき地方官である。さらに九州の防人にも類する奥羽だけに配備されている鎮兵《ちんぺい》という軍隊の司令官である鎮守《ちんじゅ》将軍《しょうぐん》の司令部もあった。この将軍は後には鎮守府将軍と呼ばれるようになり、延暦末年に近い九世紀になると現在の水沢市に営まれた胆沢《いさわ》城に鎮守府は北進するが、奈良朝にはずっと多賀城にあった。結局多賀城は東北地方最高の国家出先機関の所在地であった。それで多賀城を北辺の「遠の朝廷（みかど）」といい西海の大宰府とならぶ位置づけをする学者もいる。国府はすべて遠の朝廷に他ならない。もちろん法的にも大宰帥と按察使では全然格が違うので贔屓の引倒しの多賀城持上げは適切ではないが、確かに多賀城には対外交渉についての機能があったと認められる。

大宰府や大国について規定する「職員令」の条文によれば、夷狄と位置づけられる人々との対応が多賀城の仕事となり、玄蕃《げんば》寮の条文などに規定される蕃客《ばんきゃく》との対応は法的には示されない。だがこの碑文は明白に靺鞨国を欠くべからざる対象として意識し位置づけているのである。すなわち多賀城がどういう地理的位置にあるかを示すために「去京一千五百里　去蝦夷国界一百廿里　去常陸国界四百十二里　去下野国界二百七十四里　去靺鞨国界三千里」と記しているのである。

この城の設置については「此の城は神亀元年に按察使兼鎮守将軍従四位上勲四等大野朝臣東人が建置した。天平宝字六年参議東海東山節度使従四位上仁部省卿兼按察使鎮守将軍藤原恵美《えみの》朝臣《あそん》朝獦《あさかり》が修造した」旨記している。朝獦は史籍多く朝猟に作るが、建碑は天平宝字六年十二月一日の日付であることも記される。江戸時代に発見されてから「壺碑《つぼのいしぶみ》」と混同されたり偽物視されたりした。疑問は江戸時代から出されていた。もしこれが偽碑文ならここで史料としてとり上げる価値はないことになる。一般に近世では、『奥の細道』の「泪も落つるばかり也」という感動に代表されるような肯定的立場で相対しているのであるが、伊藤東涯や岡野邦文や山崎美成などの疑問説もあった。だが決定的な否定論はなかった。本格的な偽作説は明治二十五年（一八九二）に発表された田中義成「多賀城碑考」（『史学会雑誌』三―三五）によって提起された。

それ以来明治三十八年黒板勝美「日本の古碑」（『史学雑誌』一六―一〇）、大正二年喜田貞吉「陸奥海道駅家の廃置を論じて多賀城碑に及ぶ」（『歴史地理』二一―五）、大正七年中村不折「多賀城碑考」（『書道及画道』三―二）、昭和十八年井上通泰『上代歴史地理新考　東山道』、など偽作論の方が優勢で、明治四十三年大槻文彦「多賀城多賀国府遺跡」や明治四十年吉田東伍『大日本地名辞書』など肯定論もあったが、第二次大戦以後まで疑問視する立場が強かった。ことに明治に強力に多賀城のことに言及した栗田寛の論は、多賀城碑発見に関する水戸光圀の功績の顕彰に熱心すぎたため、反対の立場からの批判を受ける場面もあった。それほど、水戸黄門と伊達家が土中にあったという碑の発見に関与した意義は大きかったことがうかがえる。

だが昭和四十八年（一九七三）頃から宮城県多賀城跡調査研究所を中心とした碑文や碑そのものの研究が総合的に展開され、考古学的にも、金石文書誌学的にも、歴史学的にも、その真偽論には結着がついたといってよく、碑文の内容については信ずべき史料としての価値があると考えてよい。

この碑文は、時の最高権力者恵美押勝《えみのおしかつ》の御曹司朝獦（猟）の功績を称揚するための役割をしていると言ってよいが、この時機は粟末《ぞくまつ》靺鞨から興った渤海国が、建碑の天平宝字六年（七六二）までの間、同二年（七五八）・同三年（七五九）と密度高く来日しているのであり、この両年の来着の場所は、日本人使節が同乗していたり、日本船を用いたりしていたため越前や対馬などになっているが、本来第一回も第二回も出羽に来て、この次の宝亀二年（七七一）の第七回もきわめて自然に出羽の夷地野代《のしろ》湊《みなと》に来るような趨勢にあったのである。東北州総司令府とでもいうべき多賀城において北方の友好国靺鞨人の国を意識するのは自然の発想であるばかりでなく、この毛並の良い奥羽最高官人の職務が外交上も誇るべきものであることを、モニュメントとして彫字宣言するのに渤海の存在は好個の事実であったのであろう。ことに恵美押勝は、自ら擁立した淳仁《じゅんにん》天皇のもと太政大臣として国権の最高に位置しただけでなく、新羅に対する政策から靺鞨人の国渤海と緊密な国交を目指していたと考えられるから、その子が東北の最高官に就任して、第一回・第二回と出羽に来航して以来東北にとって密接な関係にあるその外国を、東北中心の城柵官衙《じょうさくかんが》の位置表示に取り上げていることは、事実押勝政権にとって東北を重視すると共に、その背後に存在する外国を重視していたことを示している。

渤海使出羽に来航

その靺鞨人の国渤海から使節が来着した際のことは、神亀四年（七二七）紀九月二十一日条に、

渤海郡王の使、首領高斉徳《こうせいとく》ら八人、来りて出羽国に著く。使を遣わして存問す。兼ねて時服を賜う。

とあり、これが、これから約二〇〇年間続く渤海使の来航の最初である。あの諸鞍男らが訪れた靺鞨で七年前に彼らがそれなりの待遇を受けたと考えれば、当然斉徳らも、鞍男らの津司のような役割を持った日本側機関によって、しかるべき扱いを受けたに違いない。

十月二十九日条によると彼らは歓迎された。扱いの一つは唐によって滅ぼされるまで友好関係にあった高句麗国の後裔が渤海だという位置づけをしたことである。だから日本側の建前では旧交を温めようとしてきた殊勝な相手を評価するということだったのであろう。虫の良い「朝貢再開継承」などという、自分たちも信じ込みたい政治理論で装った面もあったかもしれない。そして最も直接的なのは、十二月二十九日条で知られるように本来寧遠《ねいえん》将軍高仁義《こうじんぎ》以下二四人の遣使だったのに、仁義以下一六人は蝦夷の境域に着いたトラブルで殺害され、首領斉徳ら八人だけがわずかに死を免れて出羽の官衙に到達したことへの慰めの情の発露であろう。

新羅と日本の間が必ずしも円滑でなく、渤海も新羅と対立していたという、当時の東アジアの国際情勢からすれば日渤の間に相い惹くものの存在したことはよくわかるが、単に政治的な要因だけではなく民族的にも国民性的にも相互に親近感の存在したことも認めてよいと思う。とにかくこの人数的にはやや心細くなった八人を送るため翌五年二月十六日に従六位下引田朝臣虫麻呂を送渤海客使に任じ、六月中旬に出発する。虫麻呂はあの阿倍引田臣比羅夫の後裔氏族の官人である。七二七年九月来日し、七二八年六月の離日であるから一〇か月近くも滞在したことになる。日渤お互いに日常語を理解し合ったことであろう。

渤海使の信物《しんもつ》は貂皮《てん》三〇〇張など伝統的な北の物産で、我国から使者への賜与物は絹織物・生糸《きいと》・真綿《まわた》などで、いわば先例の如くである。虫麻呂は一度帰朝した後、もう一度遣渤海使として渡航したようである。出発時の史料は伝わらないが、天平二年（七三〇）八月二十九日に帰朝した記録が『続日本紀』にある。もし七二八年六月からこの時まで滞渤したとすれば、二年二か月もかかったことになる。推古朝の遣隋使の場合も、最初の日本使節小野妹子を送って裴世清《はいせいせい》が来日したのを、再び妹子が世清を送って渡海したのが六〇八年九月であり、帰朝したのは翌年九月であった。

何か帰朝できない理由があったとすれば別であるが、そうも見受けられない。それに高斉徳を送る際の虫麻呂は、「送渤海客使」で、天平二年に帰ってきた時の肩書は「遣渤海使」である。二様の職務称号を同時に負ったのではなく、前の送使と後の遣使と二度にわたって別々の任務を担ったものと考えるのが自然である。

虫麻呂が渤海から持ち帰った信物は珍重された。九月二日に天皇に献上されたし、二十五日には六山陵に奉献された。皇室の祖先の山陵のみでなく、十月二十九日には、諸国の名社にも奉納された。靺鞨人の国から来着した交易品は、日本国家の希求するところと一致していたわけである。おそらく朝野共に好んだのであろう。

青森県八戸市の第一章でも触れた丹後平古墳で一五号墳出土の北辺では珍しい「獅嚙三累式環頭大刀把頭」については、「何も、高仁義が寧遠将軍として佩いていた環頭大刀が（ここに）納められていたのではないかという、短絡の夢物語が展開するつもりではない」と断りながら、一方「朝鮮半島か畿内で作られたものが関東経由で伝わったもの」とのみ考える必要はないという試論（「北辺出土の獅嚙三累式環頭」『東アジアの古代文化』五四号）を示したことがあるけれども、それは格別異を唱えることを目的としたのではなく、粛慎・靺鞨との北の海みちの交易のあったことに注目していることによる論なのである。

送使として渡渤し帰朝した際の虫麻呂の着いた港がどこであったかは判らない。おそらく出羽ではないであろう。遣使としての彼の帰着地は、天平二年の越前の正税帳などにより加賀郡と考えられる。越に勢力圏のある豪族引田臣であるから、日本の船頭の良く知る朝鮮半島東岸から山陰経由だったと考えられる。

だが渤海人たちの自主航海だと第二回の天平十一年（七三九）七月十三日にも出羽に来ることになる。この度の大使忠武《ちゆうぶ》将軍胥要徳《しよようとく》ら四〇人は海難で没死した。一船が浪に遇って傾覆したものである。要徳には従二位という高位が贈られたが彼の非業を憐んだからである。また彼らの使節団は重要な日本人外交官を伴っていたことも評価されたのであろう。

その日本人とは天平五年の遣唐使の判官平群広成《へぐりのひろなり》である。広成は翌六年十月に帰朝しようとして大使多治比広成《たじひのひろなり》以下四艘の船で蘇州《そしゆう》から出航した。悪風に遭ってばらばらになり、彼の船は一一五人を乗せて崑崙《こんろん》国に漂着した。賊兵に拘執され船人は殺されたり逃げたりし、残りの九十余人は病死して、広成たち四人だけが生存して崑崙王に会った。わずかの食糧とひどい居処を与えられていたが、七年にひそかに船に載せられて脱出し唐国に戻ることができた。そこで留学生の阿倍仲満《あべのなかまろ》（麻呂）に逢い、便奏して渤海路を通って帰国する許可を天子（玄宗《げんそう》）から得て、船と食糧を与えられ登州《とうしゆう》（山東省）から十年三月に船出し、五月に渤海国域に到着した。ちょうど渤海王大欽茂《だいきんも》が我が国に遣使しようとしているところだったので、一緒に出発した。沸海（浪の逆巻く海）で一船が傾覆し、大使胥要徳以下四〇人が没死したので、広成が遺衆を率いて出羽に到着したということを、十一月三日の入朝記事で説明されている。遭難に縁の深い話だが当時の対外航海などはこのようなものなのであろう。

日本人は島国根性だとか、鎖国慣習が身にしみついているとか、日本は国際性に欠けて外交音痴であるとか、いわゆる批評家の言説は列挙するにこと欠かない。だが海島の国土を持つ日本は、その国家文明を形成した当初から海みちによる国際環境の中にいたのである。広成も東シナ海を先輩たちと同じように乗り切って唐に使し、南海に流れてもなお希望を失わず任務を捨てず、唐に戻り玄宗に謁し得て滞唐することなどを求めず、渤海路によって帰朝せんと希望しその目的を達したのである。もちろん自然の人情として望郷帰航を急ぎもしたであろうが、最も強かったのは遣唐使判官としての職務を達成したいという責任感だったものと考えられる。だからこそ、実際は渤海使の船に便乗させてもらった、というのが真相なのに、「広成等、遺衆を率いて出羽国に到著せり」と『続日本紀』に書かれることになったような、気概のある申告をあえてする結果になったものと推量される。

それにしても山東から遼寧とか朝鮮半島北部とかまで三月から五月までかかったことは解せない。三月末から五月初までだとしても一か月余にはなる。仮に何らかの事情で朝鮮半島を東方の日本海側に迂回しても、渤海領まで一か月もかかることは常識的でない。多分風待ちや浦や潟を伝わって行くものと考える古代航海の実相を、この事実からも推知することができる。また広成が遺衆を率いたと文飾の表現をしているのに、それでも渤海船は越前にも若狭にも筑紫にも来ずに出羽に帰着するのである。偉そうに言ってみても彼は単独の旅人で渤海船の航海に便乗しただけなのである。実際の当時の北方対岸からの海みちのあり方がここでもわかるのである。すでに広成が唐帝に願い出て許可を得た「渤海路を取りて帰朝せん」ということも、単に「渤海経由帰国」ではなく、渤海から日本に行く恒常航路ということだったものと考えられる。

そして出羽国に到着した第二回は、やはり虎皮・羆皮・豹皮・人参・蜜などを信物とし、また日本側から賜与されたのは繊維品であった。広成と共に日本に来た渤海使の副使は己珎蒙《きちんもう》であったが、彼は従五位下を与えられた。この渤海使に対応し、遣渤海使として、外従五位下大伴犬養が大使に任ぜられた。正月十三日の人事であり、彼らの出発辞見は四月二十日であった。一方己珎蒙の帰国出発は二月二日であったが、彼は正月七日に朝堂で宴を賜い、美濃の絁《あしぎぬ》二〇疋・絹一〇疋・糸五〇絇・調布二〇〇屯を受けていたのである。その時、渤海国王に賜わったものは、美濃の絁三〇疋・絹三〇疋・糸一五〇絇・調布三〇〇屯であったから、副使の得たものの額の位置づけは相当配慮されていることがわかる。それだけの資質や素養を彼らは持っていたのであろう。

それにしても浪に遭遇して大使を失っても彼らの船が順調に航行する限り、自然に出羽に着いてしまうのである。中国東北地方の黒竜江省・吉林省、朝鮮半島北部、沿海州などから日本海を航海する場合、朝鮮半島東海岸に沿って日本列島南西部に南下する海みちのほか、渤海のような領土構成の国では自国領沿いに北から出羽など東北に来る海みちが自然に通じており、しかもそれは阿倍比羅夫の北航について考察した如く、粛慎までの際にも、さらには縄文時代にも存在したと認められる、北方文化圏交易の伝統的な一つの動脈であったと認められるのである。

来使と東北の馬

第一回目の出羽来着から東北現地で起こった動きはどのようなものであったのだろうか。神亀五年には陸奥国においてこれまでの丹取《にとり》軍団を改めて玉作《たまつくり》軍団としたこと、新たに白河軍団を置いたことが目につく。丹取軍団と玉作軍団の位置論も、東北史自体の問題としては論点になっているが、国家史としては軍団が一つ増設されたということであろう。そのことは翌天平元年に陸奥鎮守将軍が鎮兵を三列階に等級づけて勲功ある者に論功行賞していることにも連なっている。何か軍事的にも緊張すべき刺戟があったのかもしれない。とすれば、旧高句麗国という認識のもとに国交を新たに持ったこの国の来航こそ、その最大の刺戟だったのではないかとみることもできる。

次には、天平五年に出羽国から五匹の、翌六年陸奥国から四匹の「御馬」が進上されたことである。前者はその年の閏三月六日の継目裏書のある越前国郡稲帳が正倉院文書の中にあり、出羽国より進上の御馬五匹の経過した九日間の飼秣料として稲九〇束を支出した（一匹当たり一日二束）という、江沼郡に関わるものであり、後者はその年の十二月二十四日の継目裏書のある尾張国正税帳がやはり正倉院文書にあり、陸奥国より進上の御馬四匹の飼糠米二石一斗九升三合が支出されたというものである。

古代、都に東北の両国から名馬が献上されていたことは広く知られている。そしてその天平五、六年という八世紀の三十年代における貢馬史料がこの種の最初のものである。それにしても東北の馬は坂東の方から北進して来たものであると従来されているのに、その馬が、何故に東北から、しかも渤海来航以来六、七年というような時期に、決して多くはない数匹の名馬が進上されることになったのであろうか。きわめて興味のある疑問である。

日本の古代馬は、おそらく主流は稲作などと共に西の方から渡って来たのであろう。それは朝鮮・対馬海峡を主たる経路とするであろう。推古天皇七年紀九月朔条に「駱駝一匹・驢一匹・羊二頭・白雉一隻」を百済から伝えられたこと、斉明天皇三年紀に津臣傴僂《つのおみくつま》が百済から還り「駱駝一箇、驢二箇」をもたらしたことなどがあることからしても、驢馬など珍しい動物だけではなく馬も渡来していたことは察するに難くない。

だが対州馬《たいしゆうま》といわれる対馬に飼育されてきた馬や、吐噶喇馬《とからうま》といわれる薩南諸島の馬などを見れば、南西日本に古来伝来していた馬は一般に果下馬《かかば》と呼ばれる小型馬だったと考えられる。多くの在来馬は失われたと聞くが済州《さいしゆう》島などにはまだそれなりに飼育されているとも聞く。個人的経験としては、韓国での通計五十余日の調査探訪中公州・江陵・清州で各一頭、中国でも北京と長春で何匹かを普通の馬や騾馬《らば》やヒニー（駃騠）と一緒に車を曳いているわずかの果下馬を見受けたが、蘭州や敦煌では低い体高の馬匹を見かけて近寄って見るとすべて驢馬であった。大陸でも果下馬は品種改良されてしまったのであろう。

もとより自分でも子供の頃から馬は家畜として日常接した。鹿毛も栗毛も家に飼われており、一度に二頭飼育されていることもあった。しかし果下馬は大人になるまで知らなかった。それだけに三十数年前薩摩で開聞岳《かいもんだけ》の麓で猪豚《いのぶた》などと飼われていた数頭の吐噶喇馬を見た時の強烈な印象を想い起こし、あの初体験がなければ、これほど古来の小型アジア馬に関心を懐くことはなかったであろうといつも考えるのである。

そういう系統の一般的な古代日本馬が坂東から入って東北の馬であったのなら、何も奥羽から献じ進めることはなかったであろう。もちろん日本の馬も、北海道の道産子《どさんこ》、下北半島尻屋崎《しりやざき》の寒立馬《かんだちめ》、木曽馬、何かそれに近いという四国に残る少数馬、都井岬《といみさき》の岬馬、宮古馬、与那国《よなくに》馬などは小型だけでなく中型の馬もいる。道産子も寒立馬も近世飼馬の後裔であるし、岬馬も戦国以後近世軍馬の牧馬である。とりわけ岬馬には、近代以後の洋種の混血を示す白徴が、限られた頭数ではあるが平成元年秋にも認められた。だから当然在来種の日本馬にもその後の混血が加えられたはずであり、木曽馬に蒙古馬の血が入っているとはよく聞くところであるが、仮に南の馬は小型で東国の馬は中型であったとしても、渤海使が出羽にやって来た数年後、あたかも若駒が成長したような段階の時期に、何で東北から数匹の名馬が京に進上されたのであろうか。

古文書には「名馬」とは特記していないが、通常の駄馬なら、牧の多い中部や坂（関）東を越えた奥羽からわざわざ進上する必要が何であるのだろうか。どうもこの頃に在来の日本の馬とは違う名馬の血が東北に入ったのではないかと考えられるのである。

馬についてもう一つ注目すべき史料が伝わっている。『扶桑略記』養老二年八月十四日条に「出羽并びに渡嶋の蝦夷八十七人来り馬千疋を貢す。則ち位禄を授く」というのがあって、新訂増補国史大系本もこれを採用して伝来の欠を補っているほどの扱いをしている。確かに、文武天皇二年（六九八）に越後国の蝦狄が方物を献じ、翌三年紀四月二十五日条に「越後の蝦狄一百六人爵を賜わること差有り」などということがあり、そこから続いて奈良朝に入り和銅に出羽の建郡と建国があり、養老にこの北方の渡嶋と連繫し出羽の蝦夷が貢馬し、位や禄を授けられたということは、一連の流れとしてあってしかるべきことである。だからこそ『扶桑略記』にも記述され、大系本も採ったわけであろう。『古代の国々　出羽の国』（学生社、昭和四十八年）でこの件に関し「出羽の馬」という一項を建てたのは、こういうことがあっても不自然ではないと判断したからであった。

すなわちこの後にも養老七年（七二三）紀九月十七日条の「出羽国司多治比家主が蝦夷五十二人に酬賞のことを上申、勅によって、勲績にしたがって賞爵を加えられた」という記述の如くに、この傾向は続いていたから、出羽から渡嶋など北方の要素を加えたものが朝廷など中央にもたらされることの可能性は十分に考えることができたのである。

ちなみにというと、出羽や渡嶋の馬はどこからきたのであろうかという問題は、興味深い歴史的話題である。もし南から伝わった馬が弥生文化などとともに北におよんできたのであるとすれば、東北がとくに名馬の産地になるよりも、より先進的な馬産の役割をはたしたはずの諸国の牧の方が、もっと名馬を生み出すべきであるし、第一渡嶋などという弥生文化は及ばなかったとみられ、古代になっても稲作などはほとんど到達しなかったと考えられるところに、それほど馬を特産とするようになる要因はなかったと思われる。

だからこれは南の方からではなく、北の方からのルートでやってきた馬、おそらく沿海州方面からやってきた大陸系の馬が、東北・北海道の方に伝わり、それが中継されて中央の方に進められたものであろうと私は考えるのである。

と記し、さらに、諸鞍男らの渡航のことに触れて論を進めていて、

というような記述があって、津軽から渡嶋に渡るべき港津の管轄のための役人たちが、日本海を渡って対岸視察に赴いている例もあるのである。名馬などがみあたれば、もちろん輸入してきたのではないだろうか。

もっといえば、大陸の馬は、一般的に馬体がすぐれていたかもしれない。それをこの北方渡海航路でうけ入れ、直接中央市場に出したり、さらには東北の天地で飼育増殖して中央に送ったりしたものであろう。のちには出羽より陸奥の方が名馬を出すのは、雪の深い出羽は、陸奥よりも放畜期間に制約があったため、牧場が陸奥に多く営まれたからかと思われる。

と書いたのである。この北方の馬みちから文化全般の、「北の海みち」論が導かれてきたのである。

その後この『扶桑略記』の条文は、出羽や陸奥が名馬の産地であるということが長い間日本全体の常識となった後に成立したものであり、しかも真実性があるのは天平五年、六年の五匹・四匹というような数であって、一〇〇〇疋などという莫大な数は非現実的であると考えるようになった。もしあったとしてもそれは「一十疋」ぐらいでしかあるまいと考えるようになった。八七人が一〇〇〇疋を西部劇のカウボーイのように砂塵を蹴立て追って上京したとは考えられず、船で運ぶなら一〇疋ぐらいが限度だと考えるようになったからである。しかし東北に通常の日本の馬とは異なる名馬が育まれる刺戟をどこからか受けていたことは間違いがないと考える。

そのうえ北の馬みちがあったのではないかと考えるもう一つの重要な点は、相染神《そうぜんしん》の存在である。能代市には今も明確な社殿の相染神社があるし、秋田市土崎港にも相染の地名が残っている。秋田県以外の各地に相染神が祀られ相染の地名もあるが、任地の関係で相染考察はここから出発した。吉田東伍『大日本地名辞書』に「奥羽の風俗、馬蓄を祈る祠を、宗善、又、蒼前、相善といふ」とあるように文字はいくつかあるが要するに音読みのソウゼン神である。『岩木山神社縁起』では騘染と書いているし、『国史大辞典』の該当項目の中には「東北相馬地方では勝善神と習合して牛馬の守護神とされる」という妙見《みようけん》信仰に関する表現もあるので、勝善という言い方もあるのであろう。これも訓みは同様かもしれない。

辞書が「奥羽の風俗」と規定する如く北方の神である。また「祭神は豊受大神」であるとか、「相染明王」の「俗神化」したものとかという説もある（『秋田大百科辞典』）が、そのような祭神は後世日本神話神と習合したものである。愛染明王は聞いているが、相染明王は寡聞にして未だ学んだことがない。『日本国語大辞典』に新潟県中蒲原《なかかんばら》地方の方言として「蒼前」を拾い、「年に一度博労が河原などで馬の爪やたてがみを切る行事」と記録しているが、秋田県田沢湖町で「三歳の駒から採った血で、半紙に鳥居を描いて蒼前さまにあげ、酒をくみ交わすが、これを蒼前祝いという」民俗行事が先の『秋田大百科辞典』に採集されているのと通ずる。さらにこの辞典には能代市で「馬のいる家の男たちで蒼前講を作り、毎月一九日に集まって掛け物を掛け、酒を飲む」という習俗のあることも併録される。要するに我々が子供の頃から知っている「馬つくろい」のことであるが、越後が北方日本のしかも日本海側であることは言を俟たない。

相染神と妙見神との習合はあるとしても、妙見神は星の信仰ではあっても馬それ自体を神とする信仰ではない。明治の神仏分離の際などに、馬頭観音などと習合していた相染神の中に、駒形神社などになったものがあるけれども、それも本来の駒形神であったものが仏教との習合などで名を失っていたものの、神仏分離による復原なら話は通るが、単に駒の文字にかかわるものなら安易に過ぎる。駒形も本義は山襞の残雪の駒形などによる神格の信仰である。相染神のように馬本体を神格とするものではない。

相染は本来「驄騟」で、葦毛で四蹄あるいは四足首の白い神秘の馬である。青と白との葦毛である驄、黄と白との葦毛で背の黒い驄騜《そうこう》（あしげひばり）など、北方騎馬民族の間に重んぜられた馬の中で、驄騟は神馬から馬神に上昇した最高の存在である。その相染が東北日本に祭られるのは、この馬神だけが伝わったと考えるよりは、馬匹も共に伝わった、むしろ馬匹が伝わることに伴って馬神信仰も伝わったのだと解する方が妥当であると考えるのである。伝来神だからこそ、この「そうぜん神」にはやまとことばの神名はないのである。そして、これが「奥羽の風俗」と定義される北東日本に偏在する信仰習俗となっているのは、西南日本から北上してきて奥羽に限定定着したものとは考え難い。やはり北の方から来入して奥羽に濃密に浸透したものと考えるべきである。北からのみちとは「北の海みち」そのものである。

四　渤海使と出羽秋田城

出羽国と秋田出羽柵

第一回・第二回と出羽国にやって来た渤海使が、具体的地名でどこの海岸に着いたかは史料は伝わらない。しかし先に「渡嶋津軽津司」という役所が置かれていて、しかもその長官であった諸鞍男ら六人が対岸に市場調査なり、国情探訪なりに赴いているような実務を担っていた以上、その養老四年（七二〇）からわずか七年後でしかない渤海使来航時に、それに対応する機関の充実を考えないとは思えないところであるが、直接それを語る史料は伝わらない。ところが第一回目と第二回目の間に出《いで》羽国《はのくに》ではきわめて大きな変化があった。それは出羽柵《いではのき》の顕著な北進である。

そもそも出羽国は和銅元年（七〇八）に越後国に建置された出羽郡に発する。すでに半世紀前に阿倍比羅夫の北航が行われた段階で、秋田・津軽までの日本海沿岸が越《こし》の延長上に見通されていたのであるから、岩船《いわふね》郡の北に、庄内《しょうない》から由利《ゆり》地方を郡域とし延長域とする新郡が越後国に建てられることは至って自然である。

出羽という二文字は「伊氏波」の音に当てられたもので、原義は「出端」であったと考える。この語は、国府が上越地方にあった越後国の北方に、いわゆる中越・下越を越えて、庄内から由利（古代表記では由理）地方までも郡域とする郡が、形勢上出端であることに基づくのであろう。そしてこの郡の中心は最上川の流域で、おそらく支流赤川沿いのあたりから日向《にっこう》川沿いのあたりまでの地域に役所は置かれたのであろう。『続日本紀』には「出羽柵《いではのき》」の名で登場する。

和銅二年紀七月一日条に、「諸国をして兵器を出羽柵に運送せしむ。蝦狄を征せんが為也」とある。続いて十三日条に「越前・越中・越後・佐渡をして船一百艘を征狄所に送らしむ」とあり、そこが軍令上の中枢でもあったことがわかる。実はこの度の作戦は、出羽郡を建置したことに対する「陸奥・越後二国蝦夷」の反発があって、その鎮圧のために陸奥には左大弁正四位下巨勢麻呂《こせのまろ》を鎮東将軍として、出羽には民部大輔正五位下佐伯石湯《いわゆ》を征越後蝦夷将軍として派遣していたものである。石湯は九月十二日条では「征狄将軍」と記されるが実態的にはこちらの方が合致している。

兵士の動員されていたのは、遠江・駿河・甲斐・常陸・信濃・上野・陸奥・越前・越中・越後の諸国で、きわめて広範囲にわたる。律令国家が、出羽という日本海岸北部に対していかに重要視しており、その治安の維持に腐心していたかがわかる。ことに『続日本紀』の段階から、従来の「越蝦夷《こし》」なる表現から、「越後蝦狄《えちご》」と変わってくる。当然ここでは越後の北部が独立した形の出羽についても理念上は「北」の意識が引き継がれていて、「陸奥蝦夷」「出羽蝦狄」の如く使用されることになる。

先にも触れた和銅五年の出羽の独立に関する九月二十三日条は、

太政官議奏して曰く「国を建て疆《さかい》を辟《ひら》くは、武功貴《とうと》ぶ所、官を設け民を撫すは、文教崇ぶ所なり。其れ北道の蝦狄、遠く阻険に憑《よ》り、実に狂心を縦《ほしいまま》にし、屢々辺境を驚かせり。官軍電撃してより、凶賊霧消し、狄部晏然《あんぜん》として、皇民擾《みだ》れ無し。誠に望むらくは、便《すなわ》ち時機に乗じて、遂に一国を置いて、式《も》って司宰を樹て、永く百姓を鎮めん」と。奏可す。是に於いて始めて出羽国を置く。

となっていて、蝦狄・狄部などの語を意識するかの如くに用いている。さらにこの沿海国を強化するためであろう陸奥国の最上・置賜二郡を併せることにしたのである。

霊亀二年紀九月二十三日条にも中納言巨勢万（麻）呂の言上として「出羽国を建て、已《すで》に数年を経たが、吏民少なく、狄徒未だ馴れない。其の地は肥えていて、田野は広い。請うらくは、近くの国民を出羽国に遷し、狂狄を教喩（諭）し兼ねて地の利を保たしめたい」という政策が示され、陸奥の二郡の併合と、信濃・上野・越前・越後四国の百姓各一〇〇戸を出羽国に属させるということが実施されるのである。すなわちここでも狄徒・狂狄と出羽側について「狄」を必ずといってよいほど用いているのである。陸奥を東とし越を北として表記することは、『日本書紀』の段階で斉明天皇元年七月条にすでに用例がある。夷は東夷、狄は北狄の中国思想の引写しだという論が根強い。そういうこともきっとあるであろう。文字や文章すなわち漢字や漢文はまぎれもなく中国から伝わり、古代知識人の教養として夷も狄も用字されたに違いない。

しかし、その用字の教養が身についたとして、実際に用いるとき、単に机上の論として虚飾の文を書くとのみは考え難い。彼らは当時高度の知識人である。中国の古典が用いているのとなるべく一致する形の用法を心がけるに違いない。蝦夷と蝦狄とを区別して用いるようになった奈良朝において、東北で起こった変化は出羽の建国で、そこは北陸の延長上の地理的位置を占めている北である。生活文化も東側の陸奥と異なるところがあったのであろう。それに、斉明元年紀は方角を示す東と北は用いていても、狄の文字は用いていなかった。北の越の範囲がまだ広くは蝦狄の地に及んでいなかったのであろう。

なのに、『続日本紀』段階になると、「狄」字を意識して用いるようになるわけであるけれども、それが単なる識字の教養によることとも考えられない。「狄」の識字教養が『続日本紀』編纂者のみのものであったはずもない。それなのにこの段階で「北狄」の語を際立って用いるようになる一因には、阿倍比羅夫以来の北方の外国との交渉、諸鞍男の靺鞨に赴くような趨勢、そして渤海が来航するような国際情勢のようなものの影響が、きっとあったのではなかろうかと考える。そのような北の海みちの刺戟が、日本の出羽方向の北狄性に関する中央の認識や文字使用を導いていたのではなかろうか。

もちろん『続日本紀』の初めの部分は、靺鞨渡航も渤海来航も未だ記録されてはいない時代のことに属し、しかも比羅夫北航のことでも『日本書紀』には特に「狄」の語の位置づけはない。だが『続日本紀』の成立は最終的に延暦十年代にある。

『日本書紀』成立の養老以前の史文についても、養老の靺鞨や神亀の渤海及びそれ以後の知識と理念とによって、語句を修辞し条章を整文することはあり得ることである。その可能性を私はきわめて現実性の高いことと解しているわけである。

そのような国家的見地からの北狄注視観というものは、思想的に国史編纂に作用するだけではなく、当然具体的な行政施策にも北方重視として表れるはずである。それは秋田出羽柵すなわち秋田城の存在に先ず見ることができる。実は秋田城については『日本歴史大辞典』(昭和四十三年)の「奈良平安時代にわたって出羽の蝦夷に備えて設営された城」というのが古典的な見方である。むしろ最も正統派の考え方である。一〇年ぐらい隔てて戦後の研究がより以上加味されてからも『国史大辞典』(昭和五十四年)の「奈良・平安時代における東北経営のための城」という定義であった。両説共に昭和三十四年から同三十七年までの文化財保護委員会の発掘調査を経て後の執筆にかかるものであり、しかも両説共にその調査に重要な役割を果たした板橋源・斎藤忠氏の二人が担当した辞典項目である。後者には「日本海沿岸に営まれた辺境開拓の重要な基地であり、城砦であるとともに政庁的な性格を帯びたものであった」と文中で説明している如く政庁性が明示されている。基地が開拓や政治に関わることは意識されながら城砦という軍事基地の性格を主とするものという性格規定であったといってよい。

多賀城と秋田城

先の『古代の国々　出羽の国』を出したとき著者は、「行政の中心機関出羽柵」と位置づけ「北の開拓基地としての機能」を認めている立場であった。それに先立つこと数年『律令古代の東北』（北望社）では「出羽国開拓の中心」とし『古代東北の開拓』（塙書房）では「多賀城とならんで古代東北開拓の二大拠点」としている。ところで三〇歳代前半の頃に、きわめて他律的な条件のもとで書く羽目になったある双書の一冊がある。そしてそれが後年古代東北史に関わる仕事をする結果を導いた緒になるのであるけれども、なんと書名そのものが『多賀城と秋田城』（東北出版）であった。それは昭和三十四年の刊行であるが「初めに」として「多賀城と秋田城とは、この書ののべる中心時代において、東北開発の拠点であった」とはしがきに述べている。原稿作成は前年であるが、まだ国造制の研究を旨としていて、古代東北史については全くといってよい程無関心で未熟だったが、いざ奈良時代の東北史を書くという段になり史料を検討するうちに、秋田出羽柵・秋田城が、太平洋側の陸奥多賀城とならぶ日本海側の政治開拓の拠点基地であったという判断が生れたことがわかる。

これらの諸説は私見も含めて、多分「蝦夷征伐の拠点」などと軍事的城砦としてとらえてきたはずの古来の説に比べれば、政治・経済的な視野や文化的な考察面を加える幅を増しているといえる。ところで『出羽の国』は執筆の契機などは年月を経てもう定かではないが、「本来、私は考古学者ではないし、出羽地方史を専攻する者でもない」と戸惑いを見せながらも「出羽にかぎった」一書をあえて試みたものであった。そしてその成稿の過程で、阿倍比羅夫水軍の北航も出羽の馬について考察を加えることになった。比羅夫水軍については、それ以前にも出羽からの視点ではないまでも考察したことはあったが、馬については初めて正面から課題にしたのであり、前章で見たように、どうして天平五、六年頃に奥羽にのみ少数の名馬がいたのかという問題に立ち至ったのであり、「おそらく沿海州方面からやってきた大陸系の馬が、東北・北海道の方に伝わり」という判断に達したのであった。

この北の馬みちのことが、本書の標題になった「北の海みち」論に発展した。やがて『古代環日本海文化』論を導くことになるのである。前章で述べたように天平五年に出羽から名馬五匹が献上されるのであるが、その天平五年に秋田出羽柵が誕生するのである。同年紀十二月二十六日条に「出羽柵を秋田村高清水岡に遷置す。又、雄勝村に郡を建てて民を居らしむ」とあり、仮説が仮説を呼ぶのは避けなければならないが、渤海使の来航から六年後に馬が献上される状況になったのと同じ段階で、庄内にあった出羽柵を一挙に一〇〇キロも北進させる地方官庁の遷置も、北への対応で行われたものであろうと考えるのである。これがきわめて特異の北進であることは、多賀柵・多賀城との対比で考えるとよくわかる。

多賀城は前章で多賀城碑について見た際に明らかにしたように按察使の府であって、万事において出羽国の上位に位置する機関の所在地である。そして当然陸奥国府の地でもある。神亀の頃、おそらくは大野東人の段階で現在地に営まれ、中には陸奥国府も含まれていたと考えられる多賀柵は、古代東北において先には陸奥と越として出羽建国以後は陸奥と出羽として、対比され連繋深い両国について、最高政庁であり最高軍令府であった。ことに出羽国になってからは、越時代の北陸道ではなく陸奥国と共に東山道に属することになって一体の関係にあった。東北の辺要の国として北に蝦夷蝦狄の国を持っていることにおいても、両国は同じ関係にあった。だからこそ古くから、多賀城も秋田城も蝦夷蝦狄を征するための軍事的城砦であると、端的に考えられてきたわけである。

北に蝦夷の国があるとして、実際には陸奥の側の胆沢賊に当たる強力な存在は出羽側の同緯度的なところには存在しない。むしろそれは津軽の勢力として存在する。そのような意味では、庄内から由利を通って秋田まで北進することについて、途中での武力的阻碍はあまり考える必要がなかったものであろう。しかし何と言っても、秋田の地は、最大限に確保の努力をしたとしても、そこは地理的に令制実施地帯の北限であり最先端である。そのような先端部に何で出羽柵というこの国の中枢施設を北進させなければならなかったのであろうか。単に政道の安定的方策として行われただけだとはどうしても考え得ない。

多賀柵・多賀城は、次第に現在の宮城県北部を開拓し安定支配しても北に進むことはしなかった。そういえば出羽郡の母胎であった越後国も、その国府は上越地域にあったが、結局最後まで中越にも下越にも北進することはなかった。それが国府の一般的なあり方なのであろう。建国わずか二〇年にして、霊亀の設置完了からすれば一七年にして、国の安定領土の最先端最北端に国府機構を含む出羽柵を遷置することは、一言にしていえば無謀な進め過ぎである。この進め過ぎをしなければならない必然性はどこにあるのであろうか。著者は次のように考える。

秋田城と蕃客

神亀四年に第一回渤海使が出羽に来た。最初着岸したのはもっと北であった。だから夷地で殺害されるようなことになったわけである。多分養老四年に諸鞍男らが渡海した時の出港地と何らかの関係もあったのであろう。蝦夷の地には当然この七年間にも、先の粛慎の来航の如くにやって来てその地の人々と交渉を持っていたものと推量できる。それが国家と直接交易をするというのでは、既得の中継交易の利のようなものを失うことになる。それを嫌った夷といわれる人々と悶着を生じたという事態は充分想定できるであろう。しかし全部殺したりしては比羅夫と粛慎の戦闘の際の二の舞になり、以後彼らが全く来航しなくなるようなことになりかねないので、部分侵害で、日本国家と彼らの交渉を断つような手段には出なかったのであろう。しかも律令国家側にも、先にも述べた如く渡嶋津軽津司という名称が示すぐらい北方性を伴って、事に関わる港津業務が存在したのであるから、最大限北方にこれらのことを掌る役所を置く必要があり、新設した最北の正規出羽国の職務として第一番に処理できる機関をも、設置する必要に迫られた。

多分予備接触とか中間折衝とかということも絶無ではなかったことであろうし、何年に来るかまでは今の外交のようにははっきりはしていなかったであろうが、またやって来るということの情報は把握し得る状況にはあったはずである。そういうことになれば、比羅夫北航の際も北の海みちから来航するものと接触するためには、秋田以北まで赴かなければならなかったのであるから、最小限秋田までは北上したところにその役所を置く必要がある。律令国家はそう判断して一挙にいわゆる城柵官衙を北進させたのであると考えられる。

昭和五十九年十月五日秋田市教育委員会の秋田城跡発掘調査事務所の第四〇次の調査では、秋田県護国神社境内広場において正殿東妻柱根跡について建物の壁土の焼土となったものを発掘したが、その表面には二〜三センチの白い層になっている部分を発見した。それは、秋田大学鉱山学部本田《ほんだ》朔郎《さくろう》教授および国立歴史民俗博物館の永嶋正春《ながしままさはる》氏の分析によって白土と鑑定されたので、このやがて秋田城となる秋田出羽柵の建物の少なくとも正殿には、白い壁が用いられていたことがわかった。もちろん他の建物の壁にも用いられていたかもしれない。

大同元年（八〇六）紀五月十四日条によると、備後・安芸・周防・長門の駅館は「本より蕃客に備えて瓦葺粉壁」であったのであるが、近年百姓も疲弊し、修造が難しい。また蕃客の入朝も瀬戸内の海路が使われるようになったので、農閑期を用いて修理する程度でよろしいが、長門国の駅は海岸に近く臨んでおり人目にもつくので、特に加勢して修復し、従前の制から減退するようなことにするな、という勅令が出ている。秋田城の白い壁も治下の住民だけではなく蕃客をも意識していたのであろう。

もちろん出羽国の中枢施設たる出羽柵が、単に外国の来航に対応するだけの職務しか持たない官庁だなどという愚かなことをいうつもりはない。ここに出羽の国の国府機能があったということは、かねて論じてきた通りである。ここでは昭和四十七年以来継続されている秋田市教育委員会秋田城跡発掘調査事務所の調査によって得られた出土史料によって考え得るその所務を辿ってみる。

出土木簡の中に「天平六年十月」「勝宝四年」「勝宝五年調米」などの紀年銘のある木簡のあることがまず注目される。天平六年という線書き木簡は、前年十二月に秋田出羽柵が高清水岡に遷されたという、国史の記事を裏書きするし、勝宝五年という天平勝宝五年調米の木簡の裏面には「浪人丈部《はせつかべの》八手《やって》五斗」とあり、北陸とか坂東とかから移住させられた浪人が五斗の米を納入するとか、出羽国に納入されていた官米が官費として消費されるとかいうような施設が、ここにあったことを意味している。勝宝四年の木簡も同種の意味を持つものであろう。

年紀はないが、一面に「宇大宙宇於大大飽」二面に「飽飽海郡飽海郡最」三面に「最上郡佰郷」と書いた角材の習字木簡もある。飽海郡はその中に由理郷も含まれ、後世の由利郡南半までを郡域とする。秋田に接する南方沿海地域の飽海郡はとにかくとして、南方内陸の遠く山川が隔てる最上郡のことは、もし秋田出羽柵・秋田城が、単に秋田郡や高清水（泉）郷の限られた役割の施設ならば、ここで勤務する官人が習字しなければならないような必然性はないと認められる。これらの木簡はここが出羽一国全体に関係を持つことを即物的に示している。

また「宝四年六月廿五日」と一面にあり、この上に「勝」とだけあったのか「天平勝」とあったのかは不明であるが、時代はわかる木簡もある。その裏側には「天王御為□□御為五百□

大国王御為五□　父母二□御為五百□　若国□御為□過去見在眷属御為五□」の文字

が三行に書かれ、諸々のために供養すべく報賽する趣旨が示されているのである。「五百」とあるのは五百束の稲であるよりは五百文の銭である可能性が強いが、この木簡に文字を記入した人の名は不明である。ただ崇仏心の深い人物であることは理解できる。

唐招提寺蔵『大般若波羅蜜多経《だいはんにゃはらみたきょう》』の中には「出羽介従五位下勲四等坂上忌寸石楯《さかのうえのいみきいわたて》」のような、宝亀十年（七七九）には故人になっていた出羽在勤の崇仏地方官の名もあった。坂上忌寸であるから有名な田村麻呂将軍の一族なのであろうが、その彼がこの木簡と直接結び着くか否かはもとより不明であるけれども、秋田出羽柵・秋田城にそのような崇仏在庁官人のいたことは疑いがない。その人だけではなく影響を受けて崇仏者になった出羽沿海地方豪族も多いであろう。

石山寺蔵大智度論に播磨国賀茂郡既多寺で針間国造《はりまのくにのみやつこ》国守《くにもり》・同荒熊や、別蔵の史料で同族と考えられる針間直姪売《おいめ》が、それぞれ写経しているような例もあるので、地方差による程度の違いはあっても、秋田地方でもそういう豪族がいても不思議はなく、さらにその系累の地方在住の人々もいたはずである。そういう官人や住民に支えられて寺院も設置される。それは「秋田城四天王寺」のような寺が官寺として存在する基盤にもなる。この木簡にある「天王」は、天皇ではなく四天王の意であろう。(四)天王と大国王・若国王の概念が同質的かつ並列的な形の祈願であるとすれば、それがどういう実態を持つものであったのか、またそのような祈願が普遍性のあることか否かは、不案内な分野のことで断定はできないが、父母や眷属《けんぞく》のために報賽《ほうさい》することはきわめて常識的なことであろう。秋田に仏教の普及があったとすれば、これは相手が例えば渤海人のように崇仏者であった場合に、外交上重要な意義を持つことになる。

その他「秋田城跡」出土の文字史料として、漆紙文書がある。まず、『倭名類聚抄』の武蔵国川面郷(元和古活字本では川原とある)を示すとされる「面郷」の文字を含む墨書塼《ぼくしょせん》などは、坂東からの移住とか赴任とかさらには運送とかを暗示するし、縦約一八・二センチ、横約一三・二センチのやや纏まった内容のある漆紙文書断簡は、出挙《すいこ》関係の資料であり、丸子部□刀自売・磯部小竜・矢作部・吉弥侯などの氏や名、宝亀元年と認められる年号などがある。また寸法は残部で小さいが、五行一七文字から国府で作成した天平宝字元年四月以降の出羽国大帳案文と判定されているものなども、すべて国府との関わりの深い史料で注目される。

また「出羽国出羽郡井上[郷]」と見える戸籍断簡の漆紙も発見されていて、平川南氏などの研究により和銅七年（七一四）の戸籍で、大宝二年「御野国戸籍《みののくに》」と同系の形式になっており、いわゆる西海道型に統一される以前のものだというから、出羽建国当初のものでもあり貴重である。反古になってからの裏文書もはっきり残っていて、それは天平宝字三年（七五九）二月の具注暦《ぐちゅうれき》になっている。国衙機能が遺物に明確に示されている。

国府があって、出羽介《すけ》が在庁したことを示す文書も出土している。それは蚶形駅家《きさかたえきか》から介御館務《すけのみたてのむ》所《しょ》に出した書状である。蚶形とは『延喜式』で遊佐《ゆさ》―蚶形《きさかた》―由理《ゆり》と継がれる出羽水駅路の駅で現在の象潟に当たる。受信者の介は、秋田城介《あきたじょうのすけ》といわれる出羽介が秋田城司になった者であるが、この史料は、延暦十年・同十三年の木簡が出土した下の層から出土している漆紙なので、七八〇年代に作成された書類であろう。ちょうど七八〇年に当たる宝亀十一年は、出羽鎮狄将軍安倍家麻呂が派遣され太政官と相議して秋田城介制を建てた時に当たる。その前年にもこれから六年後にも渤海使が来航することは後に述べる如くで、当時の政治・行政のあり方からして、秋田城介は外交的にも重要な任務を負っていたと考えられる。

それ以前は、国守も在庁する国衙であった秋田城には、介のみならず守も在庁したことを示す史料が出土している。その漆紙文書には国守小野竹良《たけら》と国介百済三忠《くだらのさんちゅう》とが揃って記載されているものであり、しかも自署も整っている。長次官連署の文書は国衙で作られたに違いない。文書の様式は「解」で、竹良は従五位下勲十二等、三忠は□六位上とある。天平宝字四年紀正月四日条に当時按察使兼鎮守将軍として出羽の雄勝《おかち》城と陸奥の桃生《ものお》城を造った藤原恵美朝獦《えみのあさかり》以下が論功行賞を受けている記述があり、そこでは竹良は従五位下、三忠は正六位上で共にこの時一階位を進められている。彼らはその進められる前の位階で記されているから、ちょうど正月三日段階までの数年間に作成された書状の自署となる。しかもこの文書には「天平宝字□」と書かれた部分もあるので、元年から四年正月三日までの文献と限定して考えることができる。多分秋田城も雄勝城と共に整備されていたのであろう。橘《たちばなの》奈良麻呂《ならまろ》の変に与同して、雄勝村の柵戸に流された京の者たちが史録に記されている頃のものといえる。

このような機能を持ち、秋田出羽柵から天平宝字三年頃秋田城と呼ばれるようになったと認められるが、城として整備されてきていた頃の、国守と国介との自署ある文書は、重要政務に関わるものであろうが、もし外交がらみの文書なら一〇年ほど前にも、一〇年余り後にも渤海人は出羽に多数やって来ていて、この役所の対応を受けたに違いない実態が存在するのである。

平成五年八月下旬の同調査事務所の六〇次発掘調査では実に珍しくも貴重な出土物があった。結論からいうと「胞衣壺《えなつぼ》」である。この壺の中には貨面を上にした五枚の「萬年通宝」が納められ、その上に茶色の物質が載せられていた。秋田大学医学部の鑑定で茶色の物からは人の血液が検出され、事務所の判断のごとく胞衣壺であった。奈良の都をはじめいわゆる中央ならともかく、北辺の秋田城で著名作家の小説のヒロインのように渤海の姫君ではないにしても、都から下向した者の家族だと考えられるが、この呪《まじな》いを込めた儀礼をする女性がお産をし子育てをする生活をしていたのである。

渤海鉄利人の慕化来航

天平十一年の第二回の使者が出羽に着いた七年後、驚くべき多人数の来航があった。天平十八年紀是年条に、

渤海の人及び鉄利《てつり》惣べて一千一百余人、化を慕いて来朝す。出羽国に安置し衣服を給いて放還す。

とあり、日渤交渉史料上最多の人々が渤海からやって来たのである。渤海人及びそれと近い類の鉄利人が、日本に対する帰化目的で来日して、国は出羽に安置したというのであるから、北陸に来たのを出羽に安置したとも考えられず、前二回の使節来着ということと考え合わせても、やはり出羽に来たものと判定して問題はないであろう。しかも帰化目的という自主自発の航海集団であるから、彼らが旧来用いていた航路を辿って来着したに違いない。それは伝統の「北の海みち」であったということになる。

史料伝来の実際としては、彼らがどこから来航したかは明記されていない。しかし、来着地が右の如くに推定される以上、今回だけ彼らだけの自前の航海で朝鮮半島東側などを南下したとは考え難い。あるいはこの大集団は沿海州や樺太島や北海道島などで、一時休止というか、暫時逗留というかを繰

り返しつつ南下してきた可能性も強い。食糧の補給とか船体の修理補強とかも必要であったに違いないからである。

もちろんその対応に当たったのは秋田出羽柵の国衙機構であったに違いない。それにしても一〇〇〇人を超える人々を不法入国者として拘禁したわけではなく、安置したのであるから、当然衣食住についての十分の手当をしたはずである。これは後年第十一回使節とされる渤海・鉄利の三六〇人ほどの大集団に対する禄の支給や滞留許可を見て推察すれば明らかである。現代日本でも今まで南の方からの難民や偽装難民の来航は何年間か報ぜられるところであるが、古代のこの人々の求めたのは何であったのだろうか。厳密な意味では、この人々が沿海州住民なのか、中国東北地方住民なのか、朝鮮半島北部の住民であるのかは確定すべき手段はない、ただ渤海領土として沿海州の占めている地位を考えれば、靺鞨各部の人々はこの地域にも住み、さらに好条件の住地を求めようとしたものであろうことは理解できる。

職員令大宰府条や大国条によると帰化は大宰帥と壱岐・対馬・薩摩・日向・大隅等国守の職掌で、出羽国守についてその職権は明文化されていない。しかし戸令没落外蕃条によれば、化外人帰化の問題に対応するのは所在国郡の職掌であるから、国司は出羽に来たこの大集団に対し秋田出羽柵で対応し、太政官との連絡の上で放還を決定したのであろう。当然滞留安置期間は数か月にわたったであろうから、その関係記録も秋田所在の城柵官衙から都度中央の官庁に送られたことと思われる。それが国史の条文に整文されることになれば本来は何度もの月日に関わり、随時分載されることになるが、正使の来航記録でない以上官撰正史に集録されるに当たっては一括して是年条において扱われたのであろう。

一般論として、好条件を求めて移住を志したとしても、気候風土が著しく異なるところへ移住するということであるとすれば、強制移住させられるとか、宗教信仰上の問題で異教徒圏を離脱するためにに集団移住をするとかの場合を除けば、あまり積極的に見も知らぬ土地には移住しようともせず、ましてや帰化しようなどとは考え難いことであろう。一体当時の環日本海対岸の人々が日本列島にどういう印象を持っていたのであろうか。具体的にそのことを書いた史料はない。観念的・理念的な外交文書の国書などには初めからないはずであるし、帰化を求めて来航したという人々の申立てなども、右に見た是年条のように簡潔に整理した纏め方である以上、史料の上に残るべくもない。だが八世紀の人々が住んでいた大地とそれを蔽う天空とは、それなりの変化はあるにしても現在も厳として存在する。

限られた狭い経験ではあるが、海路ナホトカ港に至りウラジオストクまで地上を自動車によって往復する体験をしたことがある。もちろんそれは、私見のいう古代の北の海みちの如く、日本海を列島西岸に沿って北上し、津軽海峡・宗谷海峡・間宮海峡を渡る航路でもなく、ましてや東北地方・北海道・樺太・沿海州という陸地の、湾や潟や湖沼を伝わり、風を待ち汐に乗るというような船路ではなかった。だが対岸の海岸や陸地は、航空機でハバロフスクに飛ぶというような場合の観察とは全く異なるものがあった。空からジェット機の窓に眼を凝らしたところで茫漠の大地の広がりしか観得できないが、地上で見る林や草原は手で触れることも足で踏むこともでき、平行視野で広くも狭くも熟視することができた。若干の樹種には出入りもあり、草も花も素人目にも亜種のように見えるものはあったが、殆ど日常日本で接しているものと同じであった。とはいっても南西日本の照葉樹林帯の木々や野草とは相当異なるところがあるものと受け止められた。国家的使節としての使命感で来航しまた帰国する人々と違って、自然自発的立場で帰化しようと渡来する人々の集団は、日本に来て定住し、その陸海山川草木と深い関わりを必要とする。自然の近似は、対岸から来日するための一つの大きな条件となろう。

そしてこのような大集団の場合、乗った船は何十艘にも達するはずである。種別でいえば輸送用船から漁舟まで、大きさからいえば数十人乗りから数人乗りまであった可能性がある。そのような不揃な船・舟団の航海ということになれば、一層安全を事前から厳しく考え、陸を見ながらの浦廻浦廻《うらわ》を伝う航海にならざるを得ない。朝鮮半島の東海岸伝いに南下でもしない限り、そういう航海のできるのは「北の海みち」だけである。そしてもちろん西の海みちの幹線たる朝鮮半島東海岸沿いの航路をとれば、その船・舟団は九州なり山陰なりに来着し、出羽などにはやって来ないことになる。

しかし実際には出羽にこの大集団の船隊はやって来たのであるし、この頃のその他の渤海船も出羽に来たわけである。何よりも慕化来日というが如き自発自前の行動で出羽に来るところにこそ、この海みちの選択のきわめて自然であったことが示されているのである。多分第一回も第二回も、出羽に着く北の海みちの自然で便利であることを、情報として日本側に伝える場面もあったであろうと察せられる。実際として、日本側はこの情報を知ることとなる。

律令国家日本が渤海との交渉を受けつける立場を取るなら、それを自然にやって来る日本列島北部で受け止め、事務処理の第一拠点とする役所を設けることは必然の措置であった。その北端にある国は出羽国であり、その国域で安定確保できる地域の北方地区であり、しかも良港を持ち、比羅夫以前から北方より来航の接点として知られた秋田を、その最良の地であると位置づける政策案出は、これもまたきわめて自然のものであったと認められる。かくして庄内から秋田高清水岡に一挙に北進した出羽柵は、聖武朝から北方の外交も含めた行政事務を所掌し、孝謙朝を経て淳仁朝には秋田城と呼称されるように充実し、奈良朝における北辺の国府として渤海外交でも要衝としての立場を占めることになるのである。

五　続く渤海の出羽来航

壱万福、野代に

宝亀十年（七七九）紀十一月九日条などによると、渤海使に対しては筑紫に来いと命じていたようであるのに、八世紀の七〇年代もやはり出羽に来る。天平十八年の大集団が出羽から帰ってから二五年たった宝亀二年（七七一）に、また出羽に渤海国使節がやって来た。同年紀六月二十七日条に、

渤海使青綬《せいじゅ》大夫壱万福《いちまんぷく》三百二十五人船十七隻に駕して、出羽国の賊地野代湊《のしろみなと》に著く。常陸国に於いて安置供給す。

とあり、この長くもない条文がきわめて重要で多量の情報を我々に提供してくれる。第一回・第二回は出羽に来たがそれぞれ何らかの事故に遇っていた。ところが、今回は丸々と無事に使節団が来着している。そこは、比羅夫北航の際から明確な接触掌握目標地であったあの北方の野代湊である。人数も多く、しかもその来船の数まではっきりしている。

またもう一つ大きな情報がある。野代を出羽国賊地と位置づけていることである。すなわち秋田城

から六〇キロ北で郡郷地帯に入っていないそこも「出羽国」の一部なのであり、郡郷域の延長上にある地点なのである。しかもそこに着いた人々を、大部分出羽にではなく、常陸に安置している事実が語られることである。渤海使への対応が、当然といえば当然だが、東北と近隣との国家的課題として、扱われていることを如実に語っているのである。

この回は多人数で完全に来着したこともあって、『続日本紀』に収録されている情報が相当量あるのである。だから出羽に来た渤海使の典型史料を観る思いでその顚末を辿ってみる。六月二十七日というのが野代に来着した日なのか、条文の末部がいう常陸に安置した日なのかは解釈の分かれる可能性がある。一部に定着しているように見える「これより以前、渤海使来着。この日安置供給」という受け止め方も絶対ではない。「この日来着。その後安置」ということを表すものである場合も、史書が来着と安置のいずれのことよりも後の時期に成文されるものである以上共にあり得ることである。宝亀七年紀閏八月六日条の「先是」、同八年紀五月十日条「先是」のように明示があれば、来着は以前で安置はこの日となること論をまたないであろう。

この中から壱万福以下四〇人を徴して賀正に会せしめることにしたという十月十四日条の記述も、この日京に着いたというよりは、賀正に参列させることをこの日に決定措置したということであろう。六月野代に着きその後常陸に居住させられていた使節団の中から四〇人が召出されることがきまり、十分正月に間に合うように平城京に出かけたということであろう。事実十二月二十一日条に「渤海使壱万福等入京」とある。常陸出発は十一月の下旬か十二月の初めかだったと認められる。そして三年の元旦には、光仁天皇が大極殿で朝賀を受け、文武百官・渤海蕃客・陸奥出羽蝦夷が儀に依って拝賀している。第一回以来、二回・四回・五回・六回と続いてこの回を迎え、この後も滞在期間中に正月が入る場合には元旦拝賀が例となっている。出羽来着使節はここまで一・二・七回とすべて元旦の拝賀を達成していることは、蝦夷の境に着いたとか、賊地の湊に着いたとかといわれる場合であっても、完全に国家の掌握下に入り得たことを意味し、出羽現地行政機関の機能が十分に作用していたことを示している。秋田城が所掌していたわけである。

これも正月に滞在する場合の通例のようであるが、一月三日渤海国使壱万福らの方物貢進の儀があった。多分この時、問題が顕在化したものであろうが、十六日条に、

是より先、渤海王の表無礼なるを壱万福に責め問う。是の日壱万福等に告げて曰く、万福等は、実に是れ渤海王の使者なり。上《たてま》つる所の表、豈《あに》例に違いて无礼《ぶれい》ならんや。茲に由《よっ》て其の表を収めず。と。万福等言す、夫れ臣たるの道は、君命に違わざることなり。是を以て封函を誤らず、輙《すなわ》ち用《もっ》て奉進せり。今違例として表函を返却せらる。万福等実に深く憂慓（慄）しぬ。仍りて再拝して地に拠り泣きて更に申す。君は彼此一なり。臣等国に帰らば必ず応《まさ》に罪有るべし。今已に参渡して聖朝にあり。罪の軽重は敢えて避くる所無しと。

とあって使者は窮地に立っている。さらに十九日に「渤海国の信物を壱万福に却付す」という追討ち

をかけられる。一緒に元朝拝賀した陸奥・出羽の蝦夷は爵や賜物を得て三日前に帰郷している。万福らは自分の身の上を悲しみ嘆いたことであろう。

方法は他になかった。二十五日に彼は「表文を改修し王に代って申謝」した。形式的にはけりがついたので、二月二日五位以上と渤海の使者は朝堂で饗を受け、三種の楽も奏された。座に就くに際し壱万福は「慶躍に勝《た》えず」と感謝した。大使の彼に従三位、副使に正四位下、大判官に正五位上、少判官に正五位下、録事並びに訳語《おさ》に共に従五位下を授け、下級の緑色の衣服を着る階位の人々にもそれぞれに応じて位が与えられた。さらに形式上代理謝罪の済んだ国王文王にも美濃絁三〇疋・絹三〇疋・糸二〇〇絇・調綿三〇〇屯が賜写され、壱万物以下もそれぞれ位に応じて物を賜わったのである。

二月二十八日に渤海王に書を賜わった。少し繁雑にはなるが興味ある内容もあるので、『続日本紀』から引用してみると、次の如くである。

天皇敬《うやま》いて高麗《こま》国王に問う。朕《ちん》体を継ぎ基を承《う》けて区宇《くう》を臨馭《りんぎょ》す。徳沢《とくたく》を思覃《おもいおよぼ》して蒼生《そうせい》を寧済《ねいさい》す。然れば則ち率土《そつと》の浜《ひん》、化して同軌《どうき》に輯《あつま》ること有り、普天《ふてん》の下、恩《みぐ》みて殊隣《とおきとなり》を隔つること無し。昔、高麗全盛なりし時、其の王高武、祖宗奕世《えきせい》、瀛表《おおうみのそと》に介居《かいきょ》して、親は兄弟の如く、義は君臣の若《ごと》し。海に帆かけ山に梯して、朝貢相続く。季歳に逮《およ》びて高氏淪亡《りんぼう》す。爾《しか》してより以来、音問寂絶しあり。爰に神亀四年に洎《およ》んで、王の先考《せんこう》左金吾衛大将軍渤海郡王、使を遣して来朝せしめ、始めて職貢を修す。先朝其の丹款《たんかん》を嘉《よみ》して、寵待すること優隆なり。王遺風を襲《つ》ぎて前業を纂修し、誠を献じ職を述べて、家声を墜さず。今来書を省るに頓《とみ》に父道を改めて、日の下に官品姓名を注せず、書尾に天孫の僣号《せんごう》を虚陳す。遠く王の意を度《はか》るに豈是く有らんや。近く事勢を慮るに疑わらくは錯誤に似たり。故に有司に仰せて其の賓礼を停めたり。但し使人万福ら、深く前咎《ぜんきゆう》を悔いて王に代って申謝す。朕遠来を矜《あわれ》んで其の悛改を聴《ゆる》しぬ。王此の意を悉《つまびらか》にして、永く良図を念えよ。又高氏の世兵乱休むこと無くして、朝威を仮《か》らんが為に、彼は兄弟と称す。方今大《だい》氏曽て事無し、故に妄りに舅甥《きゆうせい》と称すること礼に於いて失せり。後歳の使、更に然るべからず。若し能く往を改めて自ら新たにせば、寔《まこと》に乃ち好を無窮に継がんのみ。春景漸く和《やわら》かく、想うに王佳ならん。今廻使に因りて此を指して懐《おもい》を示す。幷びに物を贈ること別の如し。

名文よく経緯を語っているが、具体的には高句麗では「兄弟」と称していたのを、今日は「舅甥」としているのは許せないということになるようである。「親は兄弟義は君臣」と言ってみても相手は渤海の大氏で、そうであったと日本側の言う高句麗の高氏ではないので、今から見ると言い分はいささか難題めくが、当時の日本の立場では渤海は高句麗の後という位置づけだったので、その一貫性を大切にしようとしたのであろう。

そういえば第一回の国書は、神亀五年紀正月条に見えるが、
武芸啓《もう》す。山河城を異にして、国土同じからず。延《ほのか》に風猷《ふうゆう》を聴きて但に傾仰を増す。伏して惟《おもん》みれば、大王、天朝命を受け、日本基を開き、奕葉《えきよう》光重ね本枝百世たり。武芸忝くも列国に当たりて諸蕃を惣《す》べ、高麗《こま》の旧居を復して扶余《ふよ》の遺俗を有《たも》てり。但し天崖路阻《へだた》り、海漢悠々たるを以て、音耗《おんごう》未だ通ぜず吉凶問うことを絶てり。親仁《しんにん》し援《えん》を結ぶこと、庶《ねがわ》くは前経に叶い使を通じ隣を聘《へい》することと今日に始めんことを。謹しみて寧遠将軍郎将高仁義・游《ゆう》将軍果毅都尉《かきとい》徳周・別将舎航等二十四人を遣し、状を賚《もたら》し、並びに貂《てん》皮三百張を附して送り奉る。土宜《どぎ》賤しと雖《も》も用って献芹《けんきん》の誠を表さん。皮幣《ひへい》珍に非ず、還って掩口《えんこう》の誚《そし》りを慚《は》ず。主理限有り、胆《こころ》を披くは未だ期せず、時に音徽《いんき》を嗣ぎて、永く隣好を敦くせん
というもので、「前経に叶う」といい、高麗（高句麗）と扶余（百済）の遺旧を標榜してはいるが、兄弟や君臣の論はない。

第二回も天平十一年紀十二月十日条において「欽武啓《きんぶもう》す。山河杳《はる》かに絶え、国土敻《はる》かに遥《へだ》たれり。風猷を佇望して唯に傾仰するのみ。伏して惟《おもんみ》るに、天皇聖叡、至徳遐《はる》かに暢《の》び、奕葉光を重ね、沢み《めぐ》万姓に流《つた》う。欽武忝くも祖業を継ぎ濫りに惣ぶること始の如きも、義洽《あまね》く情深く毎に隣好を修す」という立場で、平群広成を胥要徳《しょようとく》らに送らせ、大虫《とら》皮・羆皮各七張、豹皮六張、人参《にんじん》三〇斤、蜜三斛を送るので着いたら検領せよとあるだけで、やはり難しい上下論はない。出羽に来着した初期の二回に

は日本も格別国書に注文を付けた気配はなく、送使を派遣している。

第三回は天平勝宝五年紀五月二十五日条に「渤海王、日本に照臨せる聖天皇の朝に言す。使命を賜わらざること十余歳を経たり。是を以て慕施蒙《もしもう》等七十五人を遣し、国の信物を賷《もた》らしめて闕庭《みかど》に献じ奉る」という国書が載っている。短文過ぎるから多分主部であろうが、これに対し、六月八日帰国する渤海使に賜った璽書に「来啓を省《かえりみ》るに臣の名を称すことがない。高麗の旧記を尋ねると、国を平げし日の上表文に、族は惟《こ》れ兄弟、義は則ち君臣として或いは援兵を乞い、或いは践祚《せんそ》を賀した。なのに、先に来た時も既に勅書を与えたのに、何《ど》うして今歳の入朝にも上表がないのか、礼を以て進退するなら、昔も今も同じではないか」という趣旨の詰問がある。

だからその直接史料は残っていないようだが、二回目の時にも上表文の不備はみられたのであろう。両者のこの食い違いが生じたのは、きわめて平坦かつ好意的に考えれば、日本では高句麗の後継者として遇し、しかも我が方は以前もこの時も同一の国であるから、昔の外交文書の書式も伝わっていたが、向こうは高句麗と渤海は別王朝で、昔の高句麗の外交方式など全く伝わらなかったのだからだということになろう。だかもし、日本側の指摘に必然性があると認めれば、改めて新機軸を出すことは可能である。それをしなかったのは、渤海の方では、日本に対する立場として、「兄弟」も「君臣」も考慮外であり、せいぜい「舅甥」ぐらいだとする判断があったからであろう。

それにしても、高句麗が昆弟《こんてい》なら、高句麗の後という渤海は姪・甥で日本が伯・舅であっても一向に差し支えはないはずである。にもかかわらず強硬にさえ見える日本の姿勢は、単に革命経験がないために王朝交替のある相手の国情を理解していないのだというような事情によるとは考え難い。第一我が国には多数の帰化系の外交官人がいたわけである。五世紀までの初期渡来人の子孫は別として、さらに六世紀初の今来才伎《いまきのさいぎ》といわれる人々をもそれに加えるとしても、七世紀後半の百済・高句麗滅亡時の帰化人系の人々はいわば一世もまだ健在で経緯は熟知していたろうし、人数上では主流世代の二世でも母国の歴史的事情はよく知っていたはずである。

日本の姿勢は無知や誤解から出たのではなく、一つの理念なり思想なりから発していたに違いない。しからばそれは何であろうか、よく言われている日本の中華思想の発露であろうか。確かに日本側の主張は「朝貢」であり「職貢」であって、渤海側の「土宜奉送」というのとは異なった位置づけにおいて、難詰しているわけであるから、相手に朝貢を要求しているものといえる。少し月並になるかもしれないが、そうなれば日本が中国中華思想の模倣をした日本版中華思想というべきものに立脚しているのだと見るべきであるかもしれない。

文武天皇から光仁天皇までの即位の詔にみられるように、天下に布告宣言するときでも、国内に対して明らかに宣言しようとしているのは、渤海への国書でいうところの「朕、体を継ぎ基を承けて」という部分を、文武詔が「遠天皇祖《とおすめろぎの》御世《みよ》御世《みよ》中今《なかいまに》至爾麻氏《いたるまで》、天皇御子之《がみこの》阿礼坐牟《あれまさん》彌継々爾《いやつぎつぎに》、大八嶋国《おおやしまくに》将知次止《しらさんつぎてと》」と宣命体で述べ、聖武詔も「遠皇祖御世始而、中今爾至麻氏、天日嗣《あまつひつぎ》止高御座爾坐而《たかみくらにいまして》、此食《このおす》国《くに》天下《あめのした》乎《を》撫《なで》賜《たまい》慈《いつくしみ》賜《たま》波久《わく》」と、同じように述べ、孝謙詔は「遠皇祖《とおすめろぎの》御世《みよ》始而《をはじめて》天皇《すめらが》御世《みよ》御世《みよ》聞看《きこしめし》来《くる》食国《おすくに》天《あま》ツ《つ》日《ひ》嗣《つぎの》高御座《たかみくら》乃《の》業《わざ》止《と》奈《な》母《も》随神《かんながら》所念行《おもおしめ》佐久」と随神の語を加えており、淳仁への譲位の詔も概ね同様である。光仁詔は称徳天皇から皇位を譲られたので「平《たいらけく》安《やすく》治《おさむる》」を旨とすることの強調で、伝世を謳うことは特にしていないが、いずれも歴世皇位の永い伝統のことが明らかにされるのみである。大八嶋（大八洲）の天下のほかは特に意識してはいない。

ところが、渤海に対しては「兄弟」「君臣」のことに強い拘《こだわ》りを見せるのである。文武・元明・聖武・孝謙・淳仁の各詔の書き出しに当たり、「現神《あきつみかみと》大八洲《おおやしまくに》所知《しろしめす》倭根子《やまとねこ》天皇《すめら》」というような自称をとっているが、これも「公式令」詔書式の定める如くであって、ただ外国使臣には「大八洲」を「日本」と書き替えるぐらいしか差はない。どうも日本律令国家の理念としては、本来外国に君臨意識や支配思想は格別必要なものではなかったように見える。そしてそれは日本が古来有していた立場であったように見える。だのに万福に対して執拗なほど職貢の形式にこだわっている。

延暦十五年紀五月十七日条の『類聚国史』に伝わるところによれば、「勝宝以前、数度の啓は、頗る体制存し、詞義観るべきありき」という認識になっている。しかしすでに見た如く天平勝宝五年の際にも、来啓に「臣」を称さないとか、上表文がなくて旧例に反するとか、第二回の前回にも勅書を与えたのにとかと並べたてていた。だから当然天平の第二回にも文書の不備があったものと推察されたわけである。だから延暦の「勝宝以前云々」の論は真実を語るものではない。

礼と実と

賓礼を停められたり、主君の国書を代理訂正させられたり散々の目に遭った壱万福らは、それでも実質的には厚遇をうけたわけで、前日持たされた、国王への叱責を含む問詰の天皇の書を携えて、宝亀三年（七七二）二月二十九日都を出発した。『続日本紀』には「渤海蕃客帰郷」とあるため「帰国」と位置づけることが行われている。きわめて妥当なことであるが、蛇足ながら実情としては当然常陸に安置の一行と合流する必要もあり、船出するのは出羽だとすれば、この「郷」は「本国」よりも「本隊在留郷」ということとなろう。実際に四年二月に副使慕昌禄《ぼしょうろく》が卒去したのに使者を遣わして弔し、従三位を贈り賜物している。彼だけが罹病したために残留したのかもしれないが、一行は後に触れるごとく未だ在日中だった可能性もある。

第八回は、宝亀四年紀六月十二日条に記事がある。出羽に来たのではなく能登国司が「部下に来着」と報告しているので北陸に来たものとみえるが、いろいろの情報を含む記述になっている。まず面白いのは烏須弗《うすふつ》という使者が、能登国の勘問使に「渤海日本は久来の好隣にして、往来朝聘すること兄の如く弟の如し」という書き出しで報告を提出していることである。先の兄弟論問題をすでに知っていて、義は君臣という厄介な半分についてだけ頰被りしているようにも受け取れるが、それは考え過ぎかもしれない。続いて近年日本国の使の「内雄《うちお》等渤海に住し、音声を学問して本国に返却せり」という恩着せがましいことを先ず言い、次に「十年を経れども未だ安否を報ぜず。是に由りて、大使壱万福等を差《つかわ》して、日本国に向い朝参に擬せ遣《し》む。稍四年を経れども未だ本国に返らず」という意外なことをいい、京に大使烏須弗ら四〇人を差して、「面《まのあたり》詔旨を奉らん」と要求している。そのうえ「更に余事なし。附する所の進物及び表書は並びに船内にあり」という、能登国司の使者に対しやや横暴な申立てをしたのである。

太政官はこれに対して、内雄なる者については言及せず「前使壱万福の進めた表の詞は驕慢だからそのことを指摘して帰らせた」と説明し、また能登国司の報告で今回の使の進める「表函」は例に違い無礼だから「朝廷に召さず本郷に返却」という処分をするのである。だが無礼は使者の責任ではないからと禄と路粮を与えて放還した。政治・外交と人道問題は別だということなのであろう。

四年二月二十日に弔礼を受けた副使だけが残留していたということでなければ、烏須弗来日の三か月半ぐらい前までは壱万福らは日本にいたことになることはさきに言及した通りである。到着地が出羽で乗船が一七隻だったのであるから、常陸から赴くため太平洋の方に回航するなどという航路航法のある時代でもないし、出羽に赴き多分秋田城に近い秋田浦から北の海みちで帰途に就いたものであろう。第七回使の帰るのと第八回使の来るのは行き違いになった可能性もある。ことに壱万福の渤海朝廷への報告は大分遅れたようであるが、宝亀八年十二月に来着の第九回使が出発するまでには帰国報告をしている。

そして放還されるこの第八回使には「渤海使此の道を取りて来朝するは、承前禁断す。自今以後宜しく旧例に依って筑紫の道より来朝すべし」という指示が付加された。「承前」とはどこからになるのか漠然としたところもあるが、旧例たる高句麗までを、一括して言っているのであれば、その昔まで入るのであろう。あるいは第七回までの間に九州に来いというその指示が出されたこともあるのかもしれない。しかし建前と現実は、禄と路粮を与えているのにも表れているのと同じで、「筑紫に来ないから断交だ」などというものではなかった。それこそ本音の部分では「是非又来朝してね」ということだったのであろう。ただこの九州に来いとの指示は、これから北の海みちで来た場合何か弁明しなければならない要因になるのである。

事実野代湊に着航したあの第七回使の報告に基づいて光仁天皇の即位を知り、その奉賀と自国渤海の王妃の喪を告げに来たという第九回使の大使史都蒙《しつもう》以下の越前来着については、宝亀八年紀一月二十日条に明らかな如く「宜しく古例に依って大宰府に向うべく、北路を取って来たることを得ざれと(太政官処分をしたのに)、而るに今此の約束に違う。其の事如何」と問責され、「南海府吐号浦《なんかいふとごうほ》から対馬竹室津《たけむろつ》を目指したが、海中風波に遭って此の禁境に着いてしまった。約束違反の罪は不可避のことだった」と弁明している。このようなことになると、もう「北路」の中でも最も北に来るはずの「北の海みち」によって来日することは形式上不当行為になってしまう。実際に史都蒙らは到着直前に柂《かじ》が折れ帆が落ちて漂流し、生存者は四六人だけだったのであるから事実遭難となった。宝亀九年紀四月三十日条にはそのとき越前国江沼郡と加賀郡に漂着した溺死体三〇人をこの時越前国に命じて「埋葬」したことが記されている。

ところが難破でもないのに第十回使も越前国三国湊に来着するのである。しかも漂着などではない。それどころか、この回の使者は前年帰国した史都蒙らを送って渡渤していた高麗殿嗣《こまのとのつぐ》が一緒に帰朝しているので、彼の船団の船頭が航海の主導権をとっていたはずである。だから日本船の立場に立っても九州に来ることなどは不便非現実的なことだったのである。それにこの殿嗣は史都蒙を送って宝亀八年（七七七）五月二十三日に渤海に向かったのであるが、国王への信物として絹五〇疋・絁五〇疋・糸二〇〇絇・綿三〇〇屯・黄金一〇〇両・水銀大一〇〇両・金漆《きんあぶら》一缶・漆一缶・海石榴油《つばきあぶら》一缶・水精念珠《すいしようねんじゆ》四貫・檳榔扇《びんろう》一〇枚、王妃への賻物《ふぶつ》として絹二〇疋・絁二〇疋・綿二〇〇屯が送られていた。信物のうち黄金以下は都蒙の要請により加付されたものであった。これだけの重要な航海なのに、彼の船は途中で航路を誤って「遠夷之境」に漂着したということが、同十年正月五日の渤海使張仙寿《ちようせんじゆ》が奏した国王の言上で明らかに知られる。しかも船も破損したので向こうで二艘を造り仙寿らを遣わすと言っている。日本の船頭の技術でさらに破損の経験を持って慎重に航海した殿嗣らが三国湊に着くという事実は、渤海から日本に来る場合に「北路」こそが最も自然かつ安全な海みちであったことを如実に物語っている。

ここでいっている「遠夷之境」とはどこであろうか。史都蒙が南海府から出港していることを考えると、朝鮮半島北端部やそれに近い沿海州西部は遠くもなく夷の境域でもない。沿海州も渤海国域なのだからよほど遠方でなければこの表現には該当しない。となれば樺太島とか北海道北部とかではないだろうか。オホーツク海沿岸地方にも拡大して考えることも不可能ではないが、宗谷海峡の外に流されるよりは環日本海地域の内と見る方が当たっている。そして日本本州の海岸や朝鮮半島の新羅領域でもない。しかしその遠夷の境域に着いても決定的に殺略を受けるというようなことではなく、使節の役目は果たし得たわけである。案外壱万福一行も、日本から叱責を受けたほとぼりをさますために、遠夷の地あたりに滞留して、帰国報告の時機を調節していたのかもしれない。その場合、常陸や出羽などで彼らを庇護的に滞在させることも、国家との対応で考える以上現実的には考え難い。不可能ではないにしても、何がしかの策を講じない限り難しいことであろう。

やや推量的になるが、そこは遠夷の地というよりも日本側からいえば近夷の地であったものと考えられる。まず秋田城下の秋田湊は逗留地として国家機関の膝元にすぎて適性がない。「賊地」と書かれた野代湊なら、着いたところでもあり、秋田城の行政権とも即かず離れずの関係にあるので、可能性は十分にある。ただ着いたところであることによって中央から警戒されるとすれば、近すぎるかもしれない。とすればもう一つ北である津軽湊が候補地となる。もちろん阿倍比羅夫の際の津軽が現在地名のどこかは具体的に指示史料があるわけではない。深浦《ふかうら》でも鰺ヶ沢《あじがさわ》でも小泊《こどまり》でも可能性はある。

しかし西海岸で代表的な津軽の湊といえば、それは十三湊《とさ》であろう。ことに長期間滞在するとすれば十三湖の水面は好都合であったかもしれない。出羽から補給もしやすい。

渤海・鉄利再来と船舶

そしてまた第十回使が二月二日に帰途に就いたばかりの宝亀十年九月に、三五九人が慕化入朝し、九州は無理でも北陸には来てもいいのに何とまた出羽に着くのである。一面で使節的色彩もあり、第十一回使節に通常位置づけられている。同年紀九月十四日条に、

勅すらく、渤海及び鉄利三百五十九人、化を慕いて入朝し出羽国に在り。宜しく例に依って供給すべし。但し来使軽微にして賓と為すに足らず。今遣使して饗を給いて彼のところより放還せんと欲す。其の駕し来れる船若し損壊すること有らば、亦宜しく修造すべし。蕃に帰るの日、留滞せしむること勿れ。

とあって、例によって遇しながらも正式の使節として都に入れないというのであるが、何といっても慕化ということで天平十八年（七四六）の出羽来航に同じく、三五九人という人数は宝亀二年（七七一）の三二五人に似てそれを超えている。しかも同じく今回も出羽に来ている。彼ら自主自発の大集団の航海は必ず北の海みちに依り出羽に来るのである。

軽微で資格に欠けるとしながら、そして滞留させずに出羽現地から放還せよといいながら、例によって特使を立てて饗応するというのであるから、思い至って篤く、待遇また厚いのである。建前としての形式はしかるべく明確に論じながら、実際の内容は恩情に充ちているというのが、日本の対応だったわけである。だからこのような形式論をしながらも、「乗船が損壊していたら修造してやれ」と言い添えることを忘れないのである。それのみか九月二十七日条には、

陸奥出羽等の国に勅すらく、常陸の調絁・相模の庸綿・陸奥の税布を用《もつ》て、渤海鉄利等の禄に宛てよ。又勅すらく、出羽国に在る蕃人三百五十九人、今厳冬に属して海路艱難なり、若し情に今年留滞せんことを願わば、宜しく恣に聴すべし。

と言っているのである。恩情限りなしである。こういう日本の態度だったので彼らも慕化来航ということになったのであろう。禄を与えることは仮に軽重の差はあろうと使節に賜禄することと全く同じである。かつ「検校渤海人使」という専当の役人まで派遣していたのである。形式上も決して軽くはなかった。

その検校使に関して実体のある動きが十一月にあった。同月紀九日条に、

検校渤海人使に勅すらく、押領高洋粥《こうようしゆく》等表を進るは無礼なり。宜しく進らしむること勿《なか》るべし。又、筑紫に就《つ》かず巧言して便宜を求む。勘当《かんどう》を加えて更に然らしむること勿れ。

という朝廷の強硬な対応が示された。いみじくも、日本側でも、便宜すなわち最も渤海の来日に好都

合なのは、出羽であることを熟知している実情を、勅文は示している。そして翌日条には、

検校渤海人使言さく、鉄利の官人争って説昌《せつしょう》が上に坐して、恒に凌侮の気有りてえり。太政官処分すらく、渤海の通事《つうじ》従五位下高説昌は、遠く滄波を渉って数々《しばしば》廻りて入朝し、言思忠勤なれば授くるに高斑《こうはん》を以てす。彼の鉄利の下に次《つい》でんこと、殊に優寵の意に非ず。宜しく其の列位を異にして、以て品秩《ほんちつ》を顕わすべし。

ということが記される。鉄利も単なる衆民や靺鞨渤海人への隷民ではなく、それなりの組織づけられた民族序列や官僚制の中にあったことがわかる。そして靺鞨人だけが上位の官だったわけではなく、国家を構成しているそれぞれの部族の出身者もしかるべき官職に就き位を与えられていたものと推知できる。だから高氏を称し高句麗系の通訳と目される説昌より、上位に坐す本国での座標が、鉄利の上級者にあり得たのであろう。彼らの間ではそれは自然のことだったので説昌は下位に甘んじて坐っていたものに違いない。しかし日本に来ては日本の位階勲等を持つ高説昌が上でなければ、律令国家の法と正義が成り立たない。検校使もだから報告したのであろうし、太政官もしかるべき処分を指示したわけであろう。

そして高説昌の日本の位は彼がしばしば来朝し、誠実な通訳をした態度と言辞によって与えられたものであった。たびたび来朝したといっても何回なのかは明確ではない。しかし渤海の方に日渤交渉上の『日本通』がいたことがわかる。国際交流上当然のことであろう。そしてそれは日本側にも『渤

海通』がいたろうことを明示する。国書がどうとかいう表面公式の問題があっても、内実には位も与え、物を賜わるという人間性豊かな対応がなされていた背景には、これら『通』たちの友情と理解が与《あずか》って力があったのであろう。国交も人によって活きもし廃《すた》りもするものなのである。

この理解が最大限に示されたのは十二月二十二日条に「検校渤海人使言《もう》さく渤海使押領高洋弼（粥）等苦《ねんごろ》に請いて云わく、乗船損壊して帰計由なし。伏して望むらくは、朝恩もて船九隻を賜いて本蕃に達せしめんことをてえり。許す」とある件である。これもきわめて多くの情報を含んでいる史料である。まず国賓にしないといいながら、「船を造ってくれ」という相当虫のいい願望を出されたのに対し、許可している点が目につく。「筑紫にも来ない軽微な連中など放って置け」などという指示を、政府は検校使に対して全然しなかったのである。対外儀礼の原則という形式と人道上の交流ということは別だと判断処理していたのであろうか。現代の外交にも通じているような話である。洋粥は伝本によっては洋弼となっているのであえて示してみた。

船九艘というのはさらに具体的に趣のある数量である。三五九人を平均すると四〇人になり、一艘だけ一人減で乗ることになる。これを彼らの離日から九年前に来日した第七回の三二五人が一七隻で来日したのと比較すると、その時は一五隻は一九人、二隻は二〇人ずつ乗り組んでいた計算になる。きわめて単純な言い分なので、実際はこういう算術平均にはならないであろう。しかし相対的に日本船の九隻は大きく渤海船の一七隻が小さいという対比は、絶対的な事実であるといえる。天平十八年大集団来航について述べた際にも言及した船の乗員数が具体的数字で推計し考察することができるのは、日渤交渉史上この史料だけの持つ重要情報である。

航路と漂着の実相

元来中国東北部の靺鞨族の人々は大陸民で海洋民ではない。それは沿岸州の渤海国民の多くも同様である。主生業は狩猟と林業及び簡易な農耕であったものと考えられる。先に言及したように、洪積世に日本列島が北から大陸に連なる大半島状であったときから、陸路で南下する伝統があり、津軽・宗谷・間宮三海峡形成で船に変わったとしても、船は沿岸部漁撈民の実用で、常識的に二〇人乗り程度かそれ以下のもので、沿海州の海辺でも漁業に従事する人々が通常用いている舟であったのであろう。この程度のいわば小舟で、日本海を船団が突っ切って、豆満江河口《とまんこう》近くの港やピーター大帝湾から真直ぐに出羽などに来るという、教科書にも描かれているような航海をしたものであろうか。どうもそのようには考えられないこと、述べた通りである。それに初めの来航時から到着対応は出羽に偏っていた厳たる事実がある。まず接岸したのはそれより北であった可能性すなわち津軽や北海道に着いた可能性もある。したがって航路は北部日本海にあったと見られるのである。

北部日本海をまず沿海州沿いに東に航行する。そこは渤海領の岸の陸地を左手に望み、危険があれば何時でも湾内にも浦廻にも待避や退避ができる。岸を見ながらの航海は日本海西部をすでに言及の朝鮮半島の東側を南下する場合にもできるが、ことに前期の段階では、渤海と新羅との対立によって、それができない現実状勢だったのであろうと考えられる。また粛慎と阿倍比羅夫の接触でも知られるように、この北海道の方に航路の存在したのは事実で、これも歴史的な北方アジア人の日本列島に南下する場合の伝統に基づくものであったことはたびたび指摘する通りである。彼らがこの北方航路の中で海流に乗る場合にも、どんな一般的な地図にも示されているリマン海流の、ナホトカ東方のあたりから東東南流する分流に乗れば、大概それは津軽海峡方向に流れる。結局「渡嶋―津軽」の間に着くことになる。「津司」が置かれたのも故ある哉《かな》であろう。

第十二回使節もだから北の海みちを来日するのである。延暦五年紀九月十八日条に、

出羽国言す。渤海国の使大使李元泰《りげんたい》已下六十五人、船一隻に乗りて部下に漂着せり。蝦夷に略せらるるもの十二人、見（現）に存するもの四十一人なり。と。

とあって、これは日本船にでもならったか六五人から四一人で一隻であった。問題は「漂着」である。この時も渤海人たちだけの自発で自前の来航で日本人がいた気配はない。一二人は略取されたという。ところが翌六年（七八七）になると、同年紀二月十九日条によって、

渤海使李元泰等言す。元泰等の入朝する時、柂師《かじし》及び挟抄《かじとり》等、賊に逢えるの日、並びに劫殺せられて国に還るに由無し。と。是に於て越後国に仰せて、船一艘・柂師・挟抄水手《かじとりのかこ》を給いて発遣せ

しむ。

という展開になる。来着の時は明確に船一隻に乗って出羽国域乃至はその支配到達地に漂着したとある。前年紀九月条には「略」とは記されていたが「劫殺」とはなかった。いずれにしても越後から発つ時は船もなく、先に計算した日本製船一艘にちょうど適合する四〇人余の「見存」していた者に、梅師すなわち航海士（船頭）と挟抄水手すなわち操舵係水夫とを越後から添乗させた船で帰国させたわけである。

そして両条を比較検討すると、時の経過に伴い申立内容に変化のあることがわかる。すなわち、「略」というまだ絶対的なことではない被害の申し立ての次に、帰国の船を準備してもらう段階になると、「殺」という絶対の状況を五か月後に申し立てたことになる。策略は十分にめぐらし得る時間的余裕はあった。ことに殺されたという者の中にそっくり航海士以下の操舵部門が入っているというのが注目点である。おそらく彼らの船は夷境についてしかるべき取引をする人々をそこに残し、帰途必要な航海操舵部門もそこで同伴させるべく下船させ、一人か二人かの操舵技術者で津軽から出羽へという沿岸航路を南下し、秋田城に着いてその対応を受け当初の申し立てをしたのであろう。

第十三回使節もまた出羽に来た。今回は国王の交替を告げる役目を持っていたが、自前六八人の来航だったのでまた北の海みちを来たものであると認められる。『日本後紀』は散逸しているが、『類聚国史』の延暦十四年十一月三日条には次のようにある。

出羽国言す。渤海国使呂定琳《ろていりん》等六十八人夷地志理波《しりは》村に漂着せり。因って却略せられ、人物散亡す。と。勅す。宜しく越後国に遷し、例に依って供給すべし。と。

この書き方も前回と同じく「漂着」したと申し立てている。そこは出羽国が夷地と表記する志理波村であった。先に野代湊は賊地と表記されていたが、実情差がないのなら出羽の支配の及ぶ範囲であろう。津軽と考えることもできるし、もっと北も想定できる。伝統的には、吉田東伍『大日本地名辞書』の奥羽の巻の野代湊の項にも「志理波の村名、今知れず、前後の事情を以て之を推求するに、野代の地に似たり」とあり、朝日新聞社版佐伯有義『六国史』巻六の頭註にも「羽後国山本郡野代湊の地ならむかとも云」とある如く、能代説なども古くからあるが、これらは一理あるが、明治までのこの学説は、比羅夫北航のことに疑い深く諸説ある時代のものであって、学界の大勢として彼の水軍が津軽海峡を越えて北に向かったなどということは、全く肯定的に受け止められていなかった時代の考察と判断とによって形成されている学説である。

実際には、現存の学界の研究では北海道までの阿倍軍の到達についてはほとんど疑いは持たれていない。疑問視時代の北方の限りは壱万福の来着地野代湊で、それ以北などは考慮の対象にもならなかったものに違いないが、現段階では津軽半島のもっと北や、陸奥湾・下北半島などに想定地点を設定してもとくに不都合はない状況である。むしろ北海道説などの方が当たるかもしれない。いずれにしろ第十三回には『類聚国史』にもやや詳しい収録があり、王啓と方物の献納も伝わる。そこで何か夷といわれる人々との妥協なり互恵状態なりが形成されていなかったら、しかるべき進呈物を国書と共に出羽までもたらす形での来航は不可能であろう。しかも「人物散亡」とあって相当厳しい洗礼を受けたことになっていて、その上でのことである。

第一回といい、前回といい、今回といい、表現はすべてが同工異曲である。批判的にいえば、北の海みちで来日したからとはいっても、意識して努力したら夷地なるところは避けても出羽の野代湊や秋田湊に着くことだってできたはずである。それが判で押したように必ず夷地に着く。それも漂着の申し立てである。そして必ず一部を失ったという形である。その一部こそどうしても夷地に立ち寄らなければならなかった理由なのではないであろうかと考える次第である。もちろん筑紫に来いといわれている以上、出羽に来ることはしかるべき弁明が要《い》る。漂着は口実だったのであろう。

それにこの状況は夷地の人々の側から言っても不自然である。宝亀の段階の三二五人とか三五九人とかいう大人数なら手を出せないということもあろう。しかし六十数人などという数はその気になれば全員殲滅することも困難ではない。むしろ全員捕虜にすることもできる。それなのに、そうもせず、また物資だけで論じても全財物を奪えば自分たちの物にできるのにもかかわらず、何でその都度渤海使が使命を達成できるようにし、その範囲内での部分侵害をしただけで止めてしまっているのか。それにはそれなりの理由があったのであり、その方が彼らに好都合なことだったのだと、考えるべきなのであろう。

どうも漂着という言いつくろいで夷地に着き、そこで一部分は夷地との交易に当てるということだったように考えられる。そしてそこでは取引の実を挙げていたから、何回も同様のことが行われたのであろう。さらにそれがくり返しできたのは、渤海使と夷地の勢力との間にしかるべき黙契があったからではないかと考えられる。そうでなかったらこのように毎回符合するかの如き状況が継続的に現出されることはあり得ないであろう。

史料上明らかな限りの中でも、粛慎も北の海みちから日本北部の夷地にやって来た。靺鞨・渤海も同様であった。諸鞍男もこのみちで対岸の地に渡り職務を果たした。史料のない古い時代であっても北の海みちの持つ意味についてはすでに見た。そのような来航の歴史が、比羅夫も交易することを欲したような状況で、北方日本の夷地で交易を継続していたのであろう。それなのに、渤海は北東アジアの国際政局の変転に伴い、相当切迫した状況下において、日本の夷地とではなく律令国家それ自体に対して積極的な外交関係を締結する必要を生じたのであった。しかも東アジア世界の古代外交はいわゆる朝貢的交易というものを伴う外交であった。渤海はいうなれば夷地で交易していた物産を、国家としての日本政府の手まで届ける必要を生じたのである。けれども従前の夷地での交易を全廃したら、北の海みちを安全に南下できなくなる危険性が生まれてくる。いうまでもなく夷地の勢力に南への航海を妨害されるからである。それ故に、夷地でもしかるべき妥協を見出す手だてが必要になることになる。

その上で、日本国家の首都勢力に対しても新たな関係を形成し、しかも維持し続けるためには、漂着を口実に夷地にも立ち寄り、そこでも相手が満足するだけの部分的交易をなし、さらに秋田城にも必要部分を齎《もたら》して到着できる方途を見出さなければならないことになる。その観点に立つ時、一部「略」せられたとの弁明は、甚だ好都合であるし、しかるべき現実味さえも備えている。また「十二人」の略せられた者たちが、五か月後には「梔師」と挟抄だという話になっているが、もしその通りなら航海士とその部下を失った船はどのようにして航海でき出羽に着き得たのであろうか。漂着もできず難破する方が似合っている。初めから一二人ぐらいの同勢を割いて別行動するつもりで夷地で別れたのかもしれない。当然上級航海士も別動隊長で船長たらしめるためそちらに上陸させたことであろう。「四十一人」の残部の航海責任幹部は、下級航海士とでもいうべき人物で、中級でさえなかったわけであろう。船も梔師ももらって帰国するとはまことに虫がいいが、経験的に日本側の対応は読まれていたのであろう。

変質し北陸へ

使節は、延暦十四年（七九五）結果として出羽に来航の最後となる第十三回までで北の海みちでは来航しなくなったと認められる。その最大因は渤海の対日態度が変化したからである。そもそも八世紀の二〇年代後半に、唐と新羅の両側から挟撃されかねなかった国際的切迫状況下の来日は、孤立化を避けるべき政治・軍事性の濃い提携を求めてのものであったが、時とともに渤海に対する唐の態度は軟化し、それに合わせて渤海の唐に対する姿勢も、唐を仰ぎ、そこに、文化的にだけではなく政治的にも、求心的な方向を示すように変化してくると、高句麗の後を享けているという国家的理念からの、高句麗を滅ぼした唐に対する対立感も弱まってくる。次第に日本に求めるものは経済的交易の利得であるということになってくるのである。

その様子は、日本の政治や軍事などの面には全く仰ぎ求めるものなどはないという風情に変わってくる。その面が進展すると唐一辺倒になってしまう。結果は、唐王朝が盛唐期から転じて晩唐期を迎えても、それに対して批判的距離を置くこともできない渤海は、唐が一〇世紀初頭に滅亡することになると、二〇年後には何らなすところもなく、契丹《きったん》のために亡ぼされてしまうという悲劇的な状態になる。とはいっても、渤海が初来日の段階では、当時新羅との対立から日本に協力を求めたいと望んだとしても、現実にはなかなかそのようなことは成り立ち得なかったものと考えられる。何故かといえば日本が白村江の戦で唐と新羅の連合軍と戦い惨敗を喫していたからである。仮にも日本が白村江の敗戦に学ぶこともなく、渤海と呼応して出兵し新羅を攻めるなどということは有り得べくもないことで、現実に渤海がそれを求める心算で来たのであればそれは誤策である。

とはいえ、藤原恵美押勝段階に頂点を見せるように、日本側も遠征の掛け声で軍事動員の姿勢を表すぐらいのことはできた。唐と戦うなどということは考えなかったであろうが、新羅に緊張感を懐かせるぐらいのことは確実に出来たろうし、それに値することもしてはいたと思う。だがそれは八世紀段階ぐらいのことで、九世紀ともなれば、日本海直路航海の経験と技術も蓄積し、さらに日本側の送使の船やその船頭の操船技術も十分に吸収し、自分たちの航海も必ずしも北の海みちを迂回する形の航海をすることもなくなり、都に近い越前の海岸などに効率よく来岸できるようになってきた。来着してから都までが遠い出羽などに来る理由はなくなったのである。

第一、日本側も政治・軍事的外交の意味を弱めてからも、経済を主とし文化的意味を持たせての対渤海交流を止める姿勢は見せなかった。いうまでもなくどの面についての傾向性が強い外交や交流も窮極政治によって統括されないことなどはないから、政治性が弱くなったとか薄くなったとかと表現することには問題があるかもしれないが、平安時代には経済とか交易とかの事が前面に出てきているのである。

著明な史実として、「右大臣従二位兼行皇太子傅」の堂々の高位高官藤原緒嗣の言上が「実は是れ商旅、隣客とするに足らず。彼の商旅を以て客と為すは国を損ず」と断言したのは、確かに天長三年（八二六）のことである。それは『類聚国史』に同年紀三月一日条として詳細に伝えるところである。しかしながらこの事実は、緒嗣の指摘するような実状が天長期にならないと出来《しゅったい》しなかっということを意味するものではない。実際にこの言上の中で緒嗣は「実は是れ商旅」と言っているのであって、近年商旅化したとは言っていないのである。ある段階からその傾向を著しく強めたものと判断される。格別何時からということではなく、次第次第にそうなったという側面もあろうが、史的経過の中で一つの契機を捕捉するということになれば、それは延暦二十三年紀六月二十七日条の、

比年渤海国使の来着は、多く能登国に在り。停宿の処疎陋たるべからず。宜しく早く客院を造るべし。

という勅であると考えられる。これは延暦十四年に最後に出羽に来て、延暦十七年（七九八）隠岐に来て、と、間隔短い来航の後に、大同四年（八〇九）に第十五回の渤海使がこの段階としては比較的長い間をおいて来日するまでの間の処置であった。この一〇年間が日本の当局にとってどういう意味を持ったかは定かではないが「来なくなって良かった」という反応は導かなかったわけである。むしろこんなに長く来ないのは変だとか、困ったとかという気分を醸成したと判断することの方が歴史の実態に合致するものと考えられる。そして、これは先に強調していたような西海大宰府に来航せよという、古代外交上での建前論の申渡しとも背反する処置である。

だがいずれにしてもかくて「宜しく早く造るべし」として営まれた能登国の客院は『日本三代実録』の元慶七年（八八三）十月条に見える羽咋《はくい》郡福良泊《ふくらどまり》の辺に造られたのであるが、さらに『延喜式』「雑式」に、

越前国松原《まつばら》客館は、気比《けひ》神宮司をして検校せしむ。

とあり、国家として明確に位置づける敦賀松原客（駅）館が営まれ、『扶桑略記』の延喜十九年十二月二十四日条に第三十四回の裴璆《はいきゅう》ら一〇五人が収容されようという時、設備や機能が悪くて彼らから不満を告げられたとある。かくの如く後期には日本政府がより近い越前の方に来航させることを名実共に対渤海使対策としていたのである。このことは、『貞信公記抄』などにも見えるから、もう出羽に来ることなどはなくなったわけである。

さらに興味あることは延暦までの七〇年間西に来いと言われながらも、漂着などと弁明してまで出羽に来ていたのに、国政上の軍事的意味までを持つ外交の性格を失い、商旅に徹するようになると、我が国側もこれを一定距離はあるがより都に近い、羽咋から敦賀へと招き寄せることになる。彼の方もまたそれに対応するようになってきたことは、国際環境の変化があったとはいえ、渤海外交史上における出羽の立場を、別の面から浮き出し描いていることにもなる。

そして東北日本が古くから「北の海みち」によって伝統的に行っていた北方対岸との交易によって得ていた物が、古代日本において、朝廷にとっても都人士にとっても不可欠の必需品乃至は切望品であって、渤海との格調高い外交理念などは犠牲にしても、その物品は希求せざるを得ないものであったことを物語る。そして同時に、相手にとってもまた、多少の難破の危険などを冒しても得たい対日交易の利潤は、いかに望ましい欲求対象であったかということを如実に示している。

出羽国政においても現地的な意味で、北陸に移って行った渤海来航問題が、きわめて重要なものであったことは、その国府機能の移動状況から観取できる。先に述べた如く、天平五年（七三三）の急遽一大北進しての秋田出羽柵・秋田城の経営は、第一回渤海使来航が一つの重大素因であると認められるが、延暦二十三年にあの能登客院造営の令が出されるや、その六月二十七日から半年も経たない十一月二十二日に、出羽国から言上があり、建置以来「秋田城」として国府機能を果たしてきたこの城柵官衙を「土地墝埆《こうかく》にして、五穀に宜しからず、しかのみならず北隅に孤居して、相救うに隣れる無し」などというもっともらしい理屈をつけ「永く停廃に従いたい」と申出るのである。述べられている実情や状況・条件は、客観的に見るとき天平の時と何の変化もないことばかりである。いまさらどうして理由になるのか理解に苦しむ。

だが朝廷は何の反問もなく待っていましたとばかり許し、「宜しく城を停めて郡となし、彼の城に住む者を以て編附すべし」と命令するのである。これまでの国府機能は河辺府《かわのべのふ》というところに移される。そこは今日「払田柵跡《ほったのさくあと》」という城柵官衙遺跡の地と目されるが、現代地理学で横手盆地と呼ぶ内陸平地の中にある。もはや渤海使が来なくなった以上、臨海の秋田村高清水岡には何の意味も魅力もなくなったというわけである。

それも過渡的なことで、やがて半世紀前の北への進み過ぎを是正するかの如く、庄内の現在も「城《きの》輪柵《わのさく》」と呼ばれているところに後退し、常識的な平静状態を形成し、古代国衙機能が消え去る平安時代末を迎えることになる。

六　厚遇の背景と本態

商旅の認識

辺遠の地での対応とはいいながら、律令国家が国策として地方行政府の国府機能の改廃的移動までして対応した渤海使への接遇は、甚だ重いものであったといわなければならない。しかもそれは、すでに言及したごとく、初期や前期の日渤交渉において、彼の国は強く新羅の存在を意識し、やがて我が方も天平宝字期を頂点に対新羅問題を考えながらの、政治・軍事的立場を踏まえての外交であった状況から、国際的環境の推移に基づいて、彼の国の求めているところも変転するという外交要因の変化を見せることになり、次第に「商旅」にすぎないという認識が持たれるようになる。だが緒嗣の「渤海客徒実は是れ商旅」という断定的見解がはっきりと示されてからも、その接遇の重さは全く変わらなかったといってよいのである。となれば政治・軍事の重さから、単なる商旅に変わったとされながら、それは何故変わらなかったのであろうか疑問でもある。

普遍的に考えられることは、それが外交交渉の通則であるということである。第三回慕施蒙の時から悶着は生じていた。使者は国書も持たずに王の言葉を伝奏するのみであった。「何ぞ其れ今歳の朝する時重ねて上表無き、礼を以て進退するに、彼此共に同じ。王熟々思え」と難詰する語を国王欽茂に対する璽書に入れながら、使者たちにも「授位賜禄」し、王にも「賜物如別」と賜物をしている。これが特異でないことは次でもわかる。

第四・第五・第六回と国書も船もない簡略使が続いたのち、第七回の壱万福は久しぶりに国書を携えてきたが、その非礼を指摘されて泣いて内容を使者が改めたことは先に述べたごとくで、叱責された国王への天皇の璽書を奉呈し難かったのか、次の回の使者が出国する段階でも正式復命ができなかったほどなのに、あの厚遇を受け彼らも王も多くの物品を贈られている。一度非礼だからと却けた信物も結局彌縫措置を講じて受納している。それは一面渤海信物が日本にとって有用であったことを裏書するものであろう。

第八回使烏須弗一行も、国書非礼で都にも召されず、禁じている北陸に来て筑紫に来なかったことも叱責されているのに、やはり「但し表函の例に違うは使等の過には非ず。海を渉って遠く来ること、事は須く憐矜すべし」といって、「禄幷びに路粮を賜う」のである。品目や物量は全く書かれていないが、いつもの如く手厚いものであったのだろう。

第九回の史都蒙の場合は悪風で難破したといい、西の海みちを目指したが果たされなかったという合理的弁明があり、光仁天皇即位への慶賀と、向こう側の王妃の喪を告げるという二つの特別任務を持っていたにしても、やはり国書は持っていなかったのに、そして初めは三〇人だけ入洛させようとしたのに都蒙の要請で全員の入京を認めたのみか、帰る際の信物も彼の要求で黄金以下既述する多量追加が行われたのである。確かに宝亀八年紀四月二十二日条には「渤海使史都蒙等方物を貢ず」とあるから難破流出したにもかかわらず、ある量の交易物を持ってきて、それを評価されたのであろう。それにしても正月の賀に間に合わなかった彼らのために五月に歓迎会をし、送使を発して渤海国王に送る国書で「遠く滄溟を渡って」来たこと、難破遭難した者に「以て懐《こころ》を傷《いたま》しめ」ることを述べてあの大賜物に加えて船まで造ってやるのは、外交の通例を越えた厚さに思える。

第十回の張仙寿《ちょうせんじゅ》は本質日本の使者高麗殿嗣を送ってきたものであるが、宝亀十年紀正月五日条では「方物を献じ」ている。それに対したのだからでもあろうが、やはり「位階を加え授け、兼ねて禄物を賜っ」ている。第十一回とされる大集団の件は先に相当詳しく見た通りで、「賓と為すに足らず」などといいながら船まで造ってやる厚遇をする。

第十二回の李元泰《りげんたい》にも船と乗員を与えたという厚遇であるが、越後に安置供給されただけであることから推せば、方物を献ずることなどなかったはずである。第十三回の呂定琳の場合は、相手国王が大欽茂から大嵩璘《だいすうりん》に変わっていて桓武天皇に対する国書は持参したが、国書は「首尾慥《たしか》ならず、既に旧儀に違う」ということで、そういう指摘をしながら、例によって物を賜い、定琳らの漂着艱苦を言い、念って憫《びん》を示して優賞を加えている。

ここまでが前章でも辿った出羽に来る年代的範囲であるが、この段階で大きな変化が外交文書とそれへの対応において生じている。定琳を送った御長広岳《みながのひろたけ》がすぐその年である延暦十五年十月に折返し戻ったという早さで帰国したが、向こうからの王の啓書は、是より先の定例がなく「詞に不遜多し」という状態であったのから、「首尾礼を失せず、誠擬《せいぎ》詞に見《あら》わる」という形になっているというので、群臣が奉賀の上表をし、明王たる天皇の徳が海外にも及んで、「朝貢の年限」を奉請してきたのだと称賛し、臣等も「殊慶に逢うを得た」と述べた。天皇も嘉悦の宣命を発してそれに応えた。結局「隔年一貢」の要請に対して「六年一貢」とする回答の遣渤海使が延暦十七年五月に派遣されることになる。表現はどうであろうと事実はどちらも頻繁な交易を認めたということになる。それだけ物流を求める動きが両側にあったのであろう。正《まさ》しく商旅で結構ということになったわけである。

元来の渤海使評価

渤海使はだが、商売主義だけで二世紀の交渉を継続させたわけではあるまいと考えられる。一つは藤原恵美押勝段階のことがある。天平勝宝五年（七五三）非礼の使として帰国した第三回渤海使のあと、わざわざ第三回目の遣渤海使小野田守《おののたもり》が派遣されたのは天平宝字二年（七五八）であった。いうまでもなく朝廷で政権を動かしていたのは藤原仲麻呂である。その田守も第四回の渤海使楊承慶《ようしょうけい》を伴って帰国した。乗船も持たない渤海の使節である。しかし大使も副使も従来通り武官であったこの使節は大歓迎され、田守も大褒賞を受けた。

すなわち、同年の九月半ばに越前に着き、十月二十八日田守は従五位下から従五位上に、副使高橋老麻呂は正六位下から従五位下に進められた。『続日本紀』にはそうあるが、老麻呂が二階進位したことを不審としたか『日本紀略』は「橋」を「階」につくり、「正六位下」を「正六位上」につくっている。紀略の編者が続紀を読み大使が一階なのに副使が二階上るのは不自然と判断するのは妥当である。だが四半世紀前平城京跡の発掘調査によって「遣高麗使廻来」し「進二階叙」と記す木簡が出土し、一二〇〇年余を隔ててかかることが実際にあるという歴史の実相を語った。老麻呂の続紀記事には問題はなく、むしろ田守の方の元の位階が吟味されるべきなのかもしれない。いずれにしても嘉賞されたのである。

十二月下旬に上京した使節は、翌三年元旦に朝賀、三日に方物を貢し国王大欽茂の表文を奏した。淳仁天皇の詔は先朝登遐の来慰に応える趣旨なので当然でもあるが「来貢。勤誠の至、深く嘉尚す」と述べ、十八日には大使に正三位、副使に従三位、判官に従五位下を授けた。二月一日には国書を賜い「時に随って礼を変ずるは、聖哲の通規」という論法で「土毛を相酬ゆ」として「絹四十疋・美濃絁三十疋・糸二百絇・綿三百屯」に、さらに優を加えるとし、「錦四疋・両面《りようめん》二疋《にしき》・纈羅《ゆはたうすもの》四疋・白羅十疋・彩帛四十疋・白綿一百帖」など付し、さらに乗船がないからと送使を出し、二月十六日彼らは帰国した。

もっと目を引くのは私的ともいえる歓待ぶりである。一月二十七日は、大保《たいほ》藤原恵美朝臣押勝が彼の田村第《やしき》に使者を招いて宴を催すのである。実力者右大臣が私邸で招宴をすることも厚遇であるが、そこに天皇が勅によって内裏の女楽と綿一万屯を賜わるという付録があるのである。この綿一万屯が大きいが内裏の女楽というのは、十八日にも使者たちが叙位された際、宮中でも朝堂に饗して、舞台で女楽が行われ、内教坊の踏歌《とうか》が庭で奏されている。内教坊は雅楽寮に属す歌女一〇〇人などの女楽の学習を掌る役所であるし、踏歌は足を踏み鳴らして舞う踊であるから当時としては定めし華やかな歌舞音曲であったのだろう。

ことに注目に値するのは原文「勅賜内裏女楽幷綿一万屯」とあるこの事実は、女楽と綿とを併せて勅賜したということなのであろうということである。すなわち楽を奏したことだけではなく女楽人そのものを賜与されたということであろうということである。『旧唐書』には大暦十二年（七七七）正月に渤海から「日本国舞女十一人」を唐に献じたと記されることが広く知られている。その前年宝亀七年の第九回使節が伴ったものとする説もあるが、批判もある。ただこのように女楽人が勅賜されることがあったとすれば、どの回に渡渤したかは別として、日本の舞女が大陸にいることの非現実的ではないことが理解できる。

さらにその『続日本紀』の一月二十七日条には「当代の文士詩を賦して送別す。副使揚泰師《ようたいし》は詩を作って和す」とある。これまた重要なことである。大使楊承慶は輔国大将軍であったが、この副使揚泰師もまた帰徳将軍であった。武官であっても奈良朝の我が「当代の文士」級で詩で交歓ができるという文化度と言語の国際的共通性は、それが文筆によることで会話によることではないにしても、日渤交渉を続けるための交流基盤としてきわめて重要な役割を果たしたと認められる。言語のことは平成四年十一月十一日にマイケル・アマコスト駐日米国大使が仙台国際センターの講演で、国際的な関係では、ややもすれば相互に誤解を生じて複雑化した国家間の摩擦をもたらすことがあるが、国際理解を深める際最大の障害とされるのは言葉の問題だと指摘しているが、これは古今東西を問わない原則である。筆談でも意思疎通の持つ意味の大きさは我々が現代漢字文化圏で体験している通りである。

この文化的要素が健在である限り、軍事外交の価値や意味は失われても、この交流はなくなるはずがないのである。しかも現実には第四回使が帰国したばかりの天平宝字三年十月にまた輔国大将軍高《こう》南申《なんしん》を大使とする第五回使が来日するほど、相手も積極的に軍事性を帯びた遣使をしてくるのであるから、押勝政権にとっても実質を伴った好ましい交渉形態であった。継続する可能性も現実性も備わっていたのである。実はこの使節は国書ではなく渤海国中台省牒《ちゅうだいしょうちょう》を携行しているのであって、その意味では第三回使と同様礼を失しているということになるのに、なお厚遇は続くのである。

恵美押勝政権の外交

使節は十二月下旬入京するが、伴った迎入唐大使判官内蔵全成《くらのまたなり》と一緒の旅であった。翌四年正月一日の淳仁天皇の大極殿における受朝では渤海使も参列拝賀した。五日高南申は方物を貢じ、国王の言を伝奏した。未帰国の遣唐大使藤原河清《かわきよ》の上表と渤海の「恒の貢物」を献ずるための遣使するとの趣旨は記されているが、以外の表の文章について『続日本紀』に記述はない。七日には大使高南申に正三位を、副使高興福《こうこうふく》に正四位下を、判官らに従五位下を授け、録事以下にも各差のある恩典があった。国王には「絁三十疋・美濃絁三十疋・糸二百絇・調綿三百屯」を賜い、大使以下にもそれぞれ応分に物を賜い、さらに宴を賜った。十七日には内射の礼があり使節たちも射礼を観、二十日には帰国する。船を持たない彼らを陽侯玲璆《やこのれいきゅう》が送使として送り十一月に戻ることになる。注目すべきは、この時の絁三〇疋以下は渤海国王への賜物として『延喜式』に規定するところと一致していることである。このことは、押勝政権の対渤海対応が、日本国家の渤海交渉の基準的な部分を形成したことを物語っているると考えられるからである。

しかもこの時期には、史籍に本来自前の船では出羽に来航する渤海に対応するかのように整備された桃生《ものう》・雄勝《おかち》両城のことが、押勝の子朝獦《あさかり》（猟）の大功績と位置づけられていて東北軍政・軍令の一つの展開期であることを示す史実が多い。『多賀城碑』に朝獦が按察使兼鎮守将軍として、「靺鞨国《まつかつこく》」の名を鮮明に書き、条理を尽して考えればそこ以外に来使応接の現地官衙はあり得ない秋田城が、『続日本紀』などには編まれた史文が伝わっていないけれども、桃生・雄勝・多賀の諸城と共に整備を加えられたに違いないと認められる時期でもある。押勝は「北の海みち」からやって来る渤海との交流で硬軟両面での対策を意識し、もちろん北日本に足場を築いて新羅の来寇の如きことにも配慮しながら、都での厚遇をくり返し、中台省との実務的交渉を歓迎していたのであろう。

秋田城のことは、天平から秋田出羽柵として表れていたこと既述の如くであるが、国史での「秋田城」の称は宝亀十一年紀の先に見た家麻呂鎮狄将軍の時が初見である。『日本後紀』では延暦二十三年（八〇四）十一月条に、「秋田城は建置以来四十余年である」旨の記述がある。そして直接的な文書が正倉院に伝わるのである。天平宝字四年（七六〇）三月の「丸部足人解《わにべのたるひとのげ》」である。解文の趣旨は「丸部足人・物部安人《もののべのやすひと》の二人は、生江臣古万呂《いくえのおみこまろ》の産業所で働いていて、郡司の雑役に就くため暇がない。そこに『阿支太城米《あきたじょうまい》』の綱丁《こうちょう》の役務が入ったために、京米《きょうまい》を持参することができなかった」という弁明である。阿支太城は秋田城の奈良朝訓みで、平安時代に阿伊太《あいた》と訓まれる平安朝の音便訓みに先行するものである。

生江臣というのは越前・能登などの郡司の氏姓にも見えるところで、北陸地方の有力豪族である。阿支太（秋田）城米の輸送という、越後国の北端から独立した出羽国の秋田に営まれた秋田城の用米が、もと越国であった越後に連なる能登や越前などの北陸地方から輸送されていたことは、自然の流れである。二人はその輸送に当たる丁男たちの中で幹部の綱丁の任に当たっている地域の指導的青壮年だったものと考えられる。京米という恒常的貢米の輸送よりも優先する役務として、秋田城米に関することを彼らが位置づけたということは、秋田城そのものの存在と、秋田城に関わることが、北陸の在地豪族においても国家的視野に関わってきわめて重要なことだという認識があったこと、さらには彼らにそのような認識を持たせるような行政的・社会的状況があったことを物語るものである。按察使朝獦は父の意向を受けてこの秋田城の整備を急務として行ったのであろう。高南申が厚遇を受けて帰国した時期は、正しくそういう時代性を持つ時期だったのである。

だから積極的な押勝は、高南申に同行し天平宝字四年十一月十一日送使の役目を果たして玲璆が帰国し、まだ一年も経たない翌五年十月二十二日に、高麗大山《こまのおおやま》を遣高麗（渤海）使に任ずるのである。出発は六年（七六二）になったが、十月一日第六回渤海使紫綬《しじゅ》大夫王新福《おうしんぷく》以下、二三人を伴って越前国加賀郡に帰着した。しかし大使従五位下大山は船中病となり港に着いて死去したため、正六位上伊《い》吉益麻呂《きのますまろ》が宰領した。この条では益麻呂の役職は不明であるが、十二月二十一日条で副使であったことがわかる。

紫綬大夫は前回までの将軍たちのような武官ではない。押勝の期待と一致しないところがあったに違いない。しかし厚遇は続く。彼が文官で音楽の嗜《たしなみ》があったのであろうか、七年（七六三）正月七日に使節らに対する叙位があった際に宴を賜わると共に唐楽を奏した。歓待の意味があることは明らかである。さらに一月十七日にも宴が催され、奏楽があった。そこでは唐の吐羅や林邑という西域や東南アジアに及ぶ外国音楽と、東国や隼人《はやと》という辺国の地方楽が奏された。新福が各種音楽を鑑賞する能力を備えていたものと見える。さらに例の内教坊の踏歌も奏された。

踏歌に参列した客と主催者側の主典以上の者には綿を賜わった。日本の役人にも恩典であるが織品が渤海使たちの期待するものであったことはそれ以上である。彼らは二月二十日帰国するが、月初の四日また太師（太政大臣）押勝の招宴を受け、勅使からは三〇櫃の袷衣を伝え賜わることになる。袷は文字通り「あわせ」であるが、季節を考えてのことであろう。それに先立つ一月二十一日に内射の礼があった。「蕃客、射に堪うる者も亦列に預る」とあるから渤海使の中にいる射礼に叶う者などの程度を察し得る。そういう人々に袷を給されるとすれば、受け手の身分や階級によって区別があってしかるべきである。条文には「雑色の袷衣」とある。太師は大師にもつくる。

ところで今回の功績で、六年十二月十一日により大山と益麻呂は正五位下と従五位下に上げられたに過ぎないが、翌年正月に新福が授けられたのは正三位、副使李能本《りのうほん》が授けられたのは正四位上、判官楊懐珍《ようかいちん》が授けられたのは正五位上である。渤海使が本来高官であったと仮定しても、日本の使者との落差は大き過ぎる。彼に対する厚遇はここでも歴然たるものがある。いうまでもなく第四回・第五回・第六回いずれも大使には正三位が授けられたのであるから、通例に対し特別だということではない。だが第三回の大使慕施蒙については「位を授け禄を賜う」とあるだけで、詳細はわからない。慕施蒙もやはり輔国大将軍であることからそう低い位ではないであろう。第二回の大使忠武将軍胥要徳には天平十一年の段階で従二位の高位を賜わった。

それは彼が海難で没死したことを憐む追贈であり先例とならない。けれども授位の記録の存する奈良朝末期以後の件においては、押勝政権段階の三回の大使らの位階が先例になっていることは明らかである。初め渤海側が軍事的な意味さえこめて政治外交の意味深く来日し、さらにすぐ前段で述べたように押勝段階には日本側から同盟を結びたいと望んでいたのではないかと認められるほど、積極的に接触を求めた対渤交渉をしていた。それがやがて単なる商旅だと位置づけられるようになっても、価値ない国際交渉だからといって停止するどころか、なお相手の求める交渉を継続し厚遇を重ねることになったのは、先例となる形態を一定にしたとも言えるあの大権力者押勝の政権の政策が、大きな一因であることは、明言してよいことである。

文化的評価

すでに言及したことでもあるが、文化的意味もやはり一因であると考えられる。第四回の楊泰師副使のときのみではない。顕著な例は、第十七回の日本で客死する王孝廉《おうこうれん》の広く知られる空海との詩・

文の贈答である。大使孝廉は弘仁五年（八一四）九月三十日に出雲国に来着した。着航地がわかるのも孝廉の詩が『文華秀麗集』に載っており、詩題に出雲が出ているからである。旧知の間だったという大使と高野山にいる空海との再会はなかったが、使節たちは朝廷の宴などで嵯峨天皇はじめ日本側の文人と詩文を通じての交歓を尽したことが『経国集』『文華秀麗集』などに見える。それ以後は、商旅といえば正に商旅、文化使節と雅称すれば文化使節ともいえる性格の渤海使は、我方からの送使もない状況になりながら交流を重ねる。

第十八回は弘仁八年（八一七）か同九年（八一八）、第十九回は同十年、第二十回は同十二年、第二十一回は同十四年、第二十二回は天長二年（八二五）、第二十三回は同四年という頻繁さである。二十回の大使王文矩《おうぶんく》は親善外交を展開し、二十三回にも一〇〇人という多勢を伴っての大使を務めた。さらに二〇年後第二十五回の大使としても一〇〇人を率いて来航したのである。文人大使王孝廉以前は、第十五回（大同四年・八〇九）と第十六回（弘仁元年・八一〇）の高南容がいるのみである。自国王の死と新王の即位を日本に伝えに来た南容は、我が国の皇位継承の伝達とそれへの渤海の対応などのことで、特別な状況にあったからであろうか、折り返し的に連続大使の任を務めたのであるが、政治・軍事の外交目的を明確に持っていた時代の渤海使節にはこうした現象はなかった。

しかるに第三十回元慶六年（八八二）の裴頲《はいてい》大使は一〇五人を率いて来日、第三十二回寛平六年（八九四）にも同勢一〇五人で来航した。第三十三回延喜八年（九〇八）の裴璆《はいきゅう》大使は第三十四回同

ふりがな ご氏名	年齢　　歳　男・女	
〒 □□□-□□□□	電話	
ご住所		
ご職業	所属学会等	
ご購読 新聞名	ご購読 雑誌名	

今後、吉川弘文館の「新刊案内」等をお送りいたします（年に数回を予定）。
ご承諾いただける方は右の□の中に✓をご記入ください。　□

注　文　書

月　　日

書　　名	定　価	部　数
	円	部
	円	部
	円	部
	円	部
	円	部

配本は、○印を付けた方法にして下さい。

イ．下記書店へ配本して下さい。
（直接書店にお渡し下さい）

（書店・取次帖合印）

書店様へ＝書店帖合印を捺印下さい。

ロ．直接送本して下さい。

代金（書籍代＋送料・手数料）は、お届けの際に現品と引換えにお支払下さい。送料・手数料は、書籍代計1,500円未満530円、1,500円以上230円です（いずれも税込）。

＊お急ぎのご注文には電話、FAXもご利用ください。
電話 03−3813−9151（代）
FAX 03−3812−3544

郵便はがき

料金受取人払郵便

本郷局承認

9228

差出有効期間
平成30年1月
31日まで

113-8790

251

東京都文京区本郷7丁目2番8号

吉川弘文館 行

愛読者カード

本書をお買い上げいただきまして、まことにありがとうございました。このハガキを、小社へのご意見またはご注文にご利用下さい。

お買上書名

＊本書に関するご感想、ご批判をお聞かせ下さい。

＊出版を希望するテーマ・執筆者名をお聞かせ下さい。

お買上書店名　　区市町　　書店

◆新刊情報はホームページで　http://www.yoshikawa-k.co.jp/

◆ご注文、ご意見については　E-mail:sales@yoshikawa-k.co.jp

十九年（九一九）にも一〇五人で来航し、日渤交流二世紀の棹尾を飾った。裴頲と裴璆とは父子で共に文名高く、渤海での官職も同じく文籍院少監であった。璆の場合は第三十五回に当たる延長七年（九二九）にも九三人で丹後国に来着しているが、正確には東丹《とうたん》国の使者であったために日本の容れるところとはならなかった。日丹国交は開始されることなく、大使も空しく帰された。

しかし弘仁以後の一世紀間はまさしく王孝廉的交流交歓の継続であった。東アジア全体の中核をなす唐王朝は晩唐期を迎えて政治的に衰退した。そのことはむしろ、唐の圧力を整った形で受けなくとも良くなった日本や渤海にとって、国際的緊張が少なくなり、とりわけ渤海にとっては、契丹《きったん》への警戒が必要になるまでは安定した時期であるから、盛唐期の文化文明を受容消化していわゆる弘仁・貞観の文化期を迎えた日本と同じように、文学面でも日本文人と共に詠和することの出来る時期だったのであろう。文学だけが発達するわけもないので工芸なども発達したことであろう。

元慶元年紀六月二十五日条には、第二十九回大使楊中遠《ようちゆうえん》が前年（貞観十八年）末に来日したものの、一紀一貢《いつきいつこう》の来期に反するとして、着地出雲国から帰されてしまう時の記事がある。対応のために派遣されていた通事《つうじ》は宮内省管下園池司《そのいけのつかさ》の長官たる春日宅成《かすがのやかなり》であったが、大使が「珍翫《ちんがん》・玳瑁酒盃《たいまいのしゆはい》等を以て、天子に献じ奉らんと欲す」という物品も皆受けずに斥けた。彼の感想は「昔、大唐に往きて多くの珍宝を観たれども、未だ此くの若《ごと》きの奇怪《きかい》有りたるなし」というものであった。奇怪は必ずや怪奇で埒もない物だとの意味ではない。珍宝中の絶品だということであろう。それは渤海国産でないにしても、それだけのものを外国から交易入手するだけの文明度であったことを如実に物語っている。この時も出雲に来ているが、あの第十七回王大使も出雲だった。そして第二十二回高承祖《こうしようそ》大使も天長二年（八二五）十二月隠岐に着いた。第二十三回の王文矩大使の第二回目も但馬に着いた。次の第二十四回賀福延《がふくえん》大使ら一〇五人も承和八年（八四一）十二月長門に着いた。第二十七回の貞観三年（八六一）一月の李居正《りきよせい》大使ら一〇五人も隠岐に着いた。第三十一回の寛平四年（八九二）正月来日王亀謀《おうきぼう》大使以下一〇五人も出雲に着いた。第三十二回の裴頲大使二度目は伯耆に着いた。次回の裴璆大使も父と同じく伯耆に着いた。彼は三十四回は若狭に着いた。そして先に触れた如く東丹国使としては丹後に着いた。他にもこの一世紀間着地の判明しているのは、これら山陰以西でなければ北陸である。教科書の渤海使来日航路図も北陸の他に出羽と山陰を加筆すべきであろう。

先に指摘したように渤海使も度重なる来日で航路にも慣れ、初前期の如く北の海みちの伝統を辿る必要がなくなったのであるが、何といっても唐の内紛に劣らず、渤海の仇敵的存在の新羅が、弘仁期に当たる頃から農民暴動に見舞われ、九世紀二〇年代初の金憲昌《きんけんしよう》の乱以降しばしば内乱が起こるようになって、渤海に対し強硬な態度を見せる状態でなくなったことが、渤海使たちに日本海西部航路をとらせる最大因になったものと考えられる。

武官から文官に変わった第六回の例の王新福大使の時のことである。天平宝字七年（七六三）正月十七日の饗宴と奏楽・踏歌のあった時に新福は「李家太上皇《りけのたいじようこう》と少帝《しようてい》と並びに崩ず。広平王《こうへいおう》摂政して、年穀登《みの》らず。人民相い食《は》む。史家《しけ》の朝儀《ちょうぎ》聖武皇帝と称す。性仁恕有り、人物多く附く。兵鋒甚だ強うして、敢て当たる者無し。鄧州《とうしゅう》・襄陽《じょうよう》は已に史家に属して、李家は独り蘇州を有す。朝聘の路、固《まこと》に未だ通じ易からず」と奏した。これに基づいた大宰府への勅では「唐国荒乱して両家雄を争い、平殄は未だ期せず」という朝廷の判断が示されたと『続日本紀』にある。

安史の乱の情報

古代アジアの中心的存在である唐についての情報が渤海使によって我が国に伝えられたのである。天宝十四年（七五五）に起こった安禄山《あんろくさん》の乱が粛宗《しゅくそう》から代宗《だいそう》に代が移り宝応元年（七六二）新福らが出発する段階では、その後、乱発生以後二年にして禄山は子の安慶緒《けいしょ》に殺され、その後、二年にして慶緒は史思明《ししめい》に殺され、翌年また思明が子の史朝儀《ちょうぎ》（義）に殺され、その史朝儀が雄武《ゆうぶ》皇帝と称し国号を燕《えん》と号していたことを現状として伝えたものである。使者の誤奏か、史書の誤伝か定かではないが「聖武皇帝と称す」とあるのは、史家の燕が聖武と元号を定めていたことによるのであろう。しかしこのような中国の重要な情報が唐からではなく、渤海から伝えられるところに、この国交ルートの日本国家にとって大きな意味が存したわけである。

もちろんこの時は、新福ら来日の一年前に当たる天平宝字五年（七六一）八月十二日に、迎藤原河清使高元度《こうげんたく》らが唐から戻り、帰国に際し唐朝では史家の残賊が未だ平定されず道中多難だからと、甲冑や刀槍以下を給付し、さらに船一隻を造って、南路を元度が先発し復命せよと、沈惟岳《しんいがく》・陸張什《りくちょうじゅう》ら三〇人余に送らせて大宰府に着き、滞在中であったので、元度からも惟岳らからも安禄山の乱の推移と現状は報告されていたはずであるが、李家の太上皇すなわち玄宗《げんそう》と少帝すなわち粛宗が並び崩じたのは元度らが離唐した後の宝応元年（七六二）のことであるから、康平《こうへい》王すなわち代宗の執政期になっていることは惟岳ら唐使にとっても全くの新情報だったに違いない。

それに元度が天平宝字三年（七五九）二月半ば、天平勝宝四年（七五二）に出発して未だ帰朝しない遣唐大使河清（清河）を迎えに、判官内蔵全成、録事羽栗翔《はぐりのしょう》を従えて、唐に赴いたのは、帰国する第四回使楊承慶を送る形で、彼らと一緒に渤海経由だったのである。しかも内蔵全成らは禄山から思明に続く騒乱で、入唐しても害される恐れがあるということで十月十八日に帰朝し、元度以下一一人のみが迎使として唐に向かったのであった。いかに安禄山の乱について渤海が情報伝達源としての枢要の場を握っていたかが理解できる。

もっとも安史の乱については全成の帰国で初めて知られたわけではない。前年（天平宝字二年・七五八）九月に楊承慶らを伴い帰国した遣渤海使小野田守がもっと直接的で第一報の詳報をもたらしたのであった。田守は第一番目の送渤海使（客）使引田虫麻呂、第二番目の大伴犬養に次ぐ天平宝字二年春出発の使節であった。史書には直接の史料はないが、文学書に史料がある。『万葉集』巻二十に藤原仲麻呂が恵美押勝の名を受ける五か月半前の二月十日、彼の邸で渤海大使小野田守送別宴があり、大伴家持が餞に詠んだ歌が収録されている。彼の出発は春であったことが概ねわかる。

天平宝字二年紀十二月十日条は、

遣渤海使小野朝臣田守等、唐国の消息を奏して曰く、天宝十四載歳《ほし》乙未に次《やど》る十一月九日に、御史大夫兼范陽節度使《はんようせつどし》安禄山反して、兵を挙げ乱を作《な》して、自ら大燕の聖武皇帝と称す。范陽を改めて霊武郡《りょうむ》と作し、其の宅を潜竜宮と為し、年を聖武と号す。其の子安慶緒《あんきょうしょ》を留めて范陽郡の事を知らしむ。自ら精兵二十余万騎を将《ひさ》い行を啓《ひら》きて南に往く。十二月直に洛陽に入りて、百官を署置す。天子安西節度使哥舒翰《かじょかん》を遣し、三十万衆を将いて、潼津関《どうしんかん》を守らしめ、大将軍封常《ふうじょう》清《せい》をして十五万の衆を将い、別に洛陽を囲ましむ。天宝十五載、禄山将軍孫孝哲《そんこうてつ》等を遣わして、二万騎を帥《ひき》いて潼津関を攻めしむ。哥舒翰潼津の岸を壊ちて、以て黄河に墜し、其の通路を絶ちて還る。孝哲、山を鑿《うが》ち路を開きて、兵を引き入りて新豊《しんぽう》に至る。六月六日、天子剣南《けんなん》に遜《のが》る。七月甲子、皇太子璵《よ》皇帝の位に霊武郡の都督府《ととくふ》に即《つ》き、改元して至徳となす。元載《がんさい》己卯、天子益州に至るとき、平盧の留後事《るごじ》徐帰道《じょきどう》、果毅度尉《かきとい》行柳城《りゅうじょう》県兼四府経略《しふきょうりゃく》判官張元澗《ちょうげんかん》を遣して、来りて渤海に聘し、且つ兵馬を徴せしむ。曰わく、今載十月、当《まさ》に禄山を撃つべし。王須らく騎四万を発し、来援賊を平ぐべし。渤海其の異心有らんことを疑い、且つ留めて未だ帰さず。十二月丙午、徐帰道果して劉正臣《りゅうせいしん》を北平に酖《ちん》して、潜に禄山に通ず。幽州《ゆうしゅう》節度使史思明《ししめい》、天子を撃たんことを謀る。安東都護王玄志《おうげんし》仍りて其の謀を知り精兵六千余人を帥いて、柳城を打ち破り、徐帰道を斬り、自ら権知平盧節度《ごんちへいろせつど》と称し、進んで北平に鎮す。至徳三載四月、王玄志は将軍王進義《ぎ》を遣し、来りて渤海に聘し、且国に通じ、故に曰く、天子を西京に帰し、太上天皇を蜀《しょく》より迎えて別宮に居らしめ、弥々賊徒を滅さんとす。故に下臣を遣して来りて命を告げしむ。と。渤海王其の事の信じ難きが為に、且《しば》らく進義を留めて使を遣して詳かに問わしむ。行人未だ至らず、事未だ知るべからず。其れ唐王の渤海国王に賜いし勅書一巻、亦状を副えて進る。と。と記している。これが彼の有名な安史の乱について我が国が情報を得たときの顚末を記録する史文である。

思えば数十余年前のことである。少しく私事にも関わるが、東洋史の曽我部静雄《そがべしずお》教授から「続日本紀に見る安禄山の乱」という趣旨のレポートが課された。まだ未熟な学生であった身には、ようやくこの天平宝字二年紀についてはそれなりの考察はしたものの、同五年紀や同七年紀などについては充分に関連考察することはできなかったように思う。もちろん基本的に「渤海」という存在については殆ど関心というか、関心の基礎になる知識というかが、経験上持っていなかったのである。それで、この重要情報が日渤交渉によってもたらされたものであるという最も大切な点について論及し、その意味を明らかにすることができなかったのである。いうまでもなく、曽我部先生の御期待に、少なくとも私は応えることができなかったわけである。

遥か後代の若輩浅学の学生がどういう理解であったかは全く別のことで、日渤交渉が国際情報をもたらす重要な役割を果たすものであるそのことを、心ある史家は早くから認識していた。当時の日本政府も眼前の事実として明確に知っていたのである。交流を絶つがごとき愚策は採るはずもなくむしろ厚遇したのである。

新羅交関の物

また一方考えられることは、このような日渤国交の存在する中で、北方には国境に長城を築いて渤海に対し、蔚山《うるさん》の北には王都慶州防衛のために長城を設けて日本を意識していたような新羅に対する交流の在り方である。白村江の戦のようなことのあった時勢の流れの中でも、渤海来日以前はもちろん、その来航があり引田虫麻呂が帰国して渤海郡王の信物を高く評価し諸社山陵などに奉るような状況下でも、天平四年（七三二）には遣新羅使が発せられ、新羅使も来朝していて、金長孫《きんちようそん》ら四〇人は種々の財物のほかに、鸚鵡《おうむ》・鴝鵒《くよく》・蜀狗《しよくく》・猟狗・驢《ろ》・騾《ら》などの珍しい動物を進めた上で「来朝年期」の設定を求めるのである。それに対して「三年一度」を定め、新羅王や使人に禄を賜わったことが、同年紀五月条に明記される。『三国史記』によればその前年には日本兵船三〇〇艘が新羅の東辺を襲い撃退されたというような物騒な史料も伝わるのにである。よほどのことがない限り外交というものは断たれない本性を持っているのであろう。

当然この後も新羅使・遣新羅使は続き、同九年（七三七）などには二月紀十五日条に「新羅国常礼を失して使の旨を受けず」という遣新羅使の報告があり、官人四〇人を内裏に召して意見を陳べさせるという事態になり、二十二日条によれば「或は言う、使を遣して其の由を問えと、或は兵を発して征伐を加えむ」という状況があり、四月には伊勢神宮と大神社《おおみわ》以下大社に奉幣して新羅の無礼の状を奉告するという難しい局面に至り、翌年一月大宰府に来着の金想純《きんそうじゅん》ら一四七人は、そこに止められるという状況を招いたのに、それでも六月には「使を大宰に遣して、饗を新羅使金想純等に賜って、便ち即ち放還せしむ」という待遇を怠らなかったのである。

天平十四年にも新羅使の来朝があったが恭仁《くに》京の造営中を理由に大宰府が饗応して帰した。このため『三国史記』ではこの年後半の日本国使のもたらした国書や信物を新羅は受領しなかったという。にもかかわらず翌年（七四三）筑前国司から新羅使来朝が伝えられると検校使を九州に派遣するのである。ところがまたここで新羅使が「調」としていたものを今回「土毛」と改称したため、常礼を失しているというので放却したという事態を生じた。日本と新羅の間はきわめて不円滑であったことになる。

それなのに天平勝宝四年（七五二）一月には遣新羅使が任命されている。実際に赴いたのであろうことを示すように、閏三月末に大宰府奏があって、新羅王子金泰廉《きんたいれん》以下、貢調使、送王子使一行七百余人が船七艘で来泊したと報じた。新羅側も日本と断交することを望んでいなかったことがわかる。王子らは入京し七月末まで滞在しているが、翌年渡航した日本の国使を新羅王は引見しなかったと『三国史記』は記す。

この同五年（七五三）は元旦朝賀の席次について、長安で遣唐副使大伴《おおともの》古麻呂《こまろ》が新羅使と争ったということが伝えられているような情勢下にあったので、相当険悪な両国関係の中に王子がやってきて数か月も滞在しているとは不自然にも見えるが、その期間にやっていたことがまた外交ということの常識とは大変異なるところがある。まず一行についての史料を辿ると、四年閏三月二十二日に来着の報が大宰府から伝えられる。これが第一報であろう。二十八日に使者を諸山陵に立てて新羅王子来日の報告をしているので国家的な大関心事であったことがよくわかる。

六月十四日に彼の王子は国王の言を天皇に奏上した。「新羅は昔から日本と国交を持っている。国王が親ら来朝して調を進めたいが、主が一日でもいないと国政は弛乱するので、王子を首として三百七十余人を入朝させ種々の調を貢らせる」という趣旨で、形として鄭重であった。対する詔報は「嘉し、長く撫存を加えたい」と応じた。さらに王子は私に「自ら備える国土の物を奉進する」といい、受納された。ところが、『続日本紀』の文に見えるこのような公的貢進とは別に、『大日本古文書』などに収められている史料では、翌日、栗前《くりくま》某は金や染料・鏡を、中臣伊勢老人《おいひと》は一六種の品物を、それぞれ綿六一〇斤と一八〇斤で購入しているのである。その翌日の十六日にも香など九種を綿一〇〇斤で購入した者がおり、十七日には、新羅使は朝堂で饗応を受けたことが同日紀に見え、前王の時代と現王の対応の変化を「嘉歓」するという応接をしているのであるが、別に小槻山広虫《おつきやまのひろむし》が絹絁三〇匹・糸一〇〇斤・綿三〇〇斤を九種のものの購入代として求めた解《げ》があり、置始五百足《おきそめのいおたり》なる人物も同様に何かを買求めたらしい。これらは公認された取引であるから、求めた本人など日本側の個人にとっても好ましいことで、日本国家の公的判断においても疎ましいことではなかったに違いない。

二十日にも五、六寸の鏡以下染料の紫根などを綿二〇〇屯で購入した解《げ》もあり、二十一日にも犬養小足《おたり》が香料など二一種を糸一〇〇斤ほか綿百五十(カ)斤などで買入れ、二十二日には新羅の王子が大安寺・東大寺に行って拝仏したと『続日本紀』同日条にあるが、一方では東大寺写経所で彼ら所奉の法華経以下を請求したという史料もある。翌二十三日には「以前、新羅物を買う可《べ》く、幷に価を儲ける等前の如し」という明確な文辞を伴う解文があり、そこでは鏡経六寸以下五寸以上のものを三面はじめ合計二三種を綿五〇〇斤・糸三〇斤で求めるということで、当人の名は欠くものの明確に新羅を示す文辞を持っているのである。

また『大日本古文書』二十五の編者が、天平勝宝四年六月廿三日文奉飯高嶋足《いいたかのしまたり》に当てている買物の解は、一四種の品物を「絹十三匹(一匹白、十二匹赤)・糸百二十斤・綿百□十斤」で求めるというものである。二十四日にも日置酒持《ひえきのさかもち》が香や人参など三〇種程も求めているなど、王子以下の新羅使が日本の官民に及ぼした舶来品売渡しの影響はきわめて大きかったことがわかる。そしてそのような物品を入手することと、そのための接触が、単に経済的な面においてだけでなく、文化現象としても甚だ新鮮にして積極的な意味を持ったことは疑う余地がない。

神護景雲二年（七六八）十月下旬、左右大臣に大宰綿各二万屯を、大納言と弓削清人《ゆげのきよひと》には各一万屯を、文室浄三《ふんやのきよみ》には六〇〇〇屯を、中務卿と式部卿には各四〇〇〇屯を、伊福部女王《いふくべのおおきみ》には一〇〇〇屯を賜っているが、これは明確に「新羅交関の物を買わんが為なり」と使途明示がなされている。このような国費の大量支出でなければ、史料も一々残るまい。女帝の相当に情意性も加わった賜与であろうが、国策としても承認された行為だったのである。なお大納言は間もなく光仁天皇となる白壁王《しらかべのおおきみ》であった。

だから多少の不協和音はもちろん、相当の険悪な具体的情況があっても、日本と新羅の国交は絶えることなどなく、むしろ王子一行に対して表されたような親密な厚遇が行われたのであろう。王子一行が帰ってから八年すなわち天平宝字四年（七六〇）、ちょうど第五回の高南申の使節一行が渤海からも来日帰国した年に、新羅使金貞巻《きんていかん》が九月来朝した。陸奥按察使だった恵美朝獦が、問来由使《もんらいゆし》となって対応し、使者の資格が軽輩であること、王子が帰国してから音信もないこと、日本から遣した小野田守に礼を欠き彼は使事を達し得なかったことなどを問責し、戻らせたのである。押勝の対新羅強硬政策期でもあったし、田守に対する扱いへの応報的意味もあるのであろうが、相当冷い対応である。しかしだからといって相手側からも断交してくるわけではない。

天平宝字七年（七六三）二月押勝が第六回渤海使を宴を設けて歓待し、彼らも帰国の途に就こうとする頃に、金体信《きんたいしん》以下二一一人の新羅使が来航した。使者は先に約束したことなど何も知らずただ常貢を届けるのみだという。何も知らないとはどういうことだ。今後は王子でなければ執政大夫を入朝させよという強い申し渡しを受けたが、怒って戻ったということでもなかったらしい。というのは、神護景雲三年（七六九）十一月金初正《きんしょせい》ら一八七人の新羅使が対馬に着いたからである。大宰府に問来由使を派遣して調べると、唐に赴いて詰めていた王子金隠居《きんおんきょ》が帰国する時に、例の在唐大使藤原河清（清河）と阿倍仲麻呂（朝衡）の書状を託されてきたので、それを届け、新羅の土毛を貢ずる使者であった。

それに対し翌年三月使者を筑紫に遣した朝廷の措置は、「前回の使者に指示したことに何の応答せずに今回も勝手に私信などを持って来たので『賓礼』には預らない」という公式見解を示しながらも、唐国の消息を知らせたり在唐の遣唐使の書を届けたりしたその「勤労」は嘉賞するということで、大宰府で饗宴を催し、国王には「絁二十五匹・糸百絇・綿二百五十屯」を、大使金初正以下にもそれぞれに物を賜ったのである。政治上の建前は形式上論ずるが、交流継続の本音は実質として表現するという事態がよく伝わってくる。

七　対新羅関係推移の実態

武闘空し

渤海外交を通じて、その当初から強く意識されていた新羅との関係は、恵美押勝の執政段階だけではなく、決して平穏ではなかったが、だからといって、幾度も言及したごとく国交断絶などということもなかった。そのような強硬な対応はしばしば武闘を招くことになると考えられたからであろう。そして、その武闘については、日本も新羅もあの白村江の戦の激闘で、限りなき空しさを知り尽していたに違いない。戦後の六六〇年代でも新羅の対日遣使は毎年のように来航した。

両者互いに、公式にはその立場の主張はしても、さらに一歩進んで使節引見拒否などまではしてみても、国家間交流の決裂などを招くようなことは避けていたのである。それは、長い交流・交易の歴史の中で、文化や経済の面での接触の実利を評価していたからであろう。『類聚三代格』巻第二の冒頭に、内大臣藤原良継の宣による、六尺の四天王像四軀を奉造する件の宝亀五年（七七四）三月三日付太政官符があって、聞くならく新羅の兇醜恩義を顧みず、早くより毒心を懐き常に呪詛《じゅそ》を為す。仏神誣《あざむ》き難ければ、或いは報応あるを慮《おもんぱか》る。宜しく大宰府をして、新羅国に直にして高顕なる浄地に件の像を造り奉り、其の災を攘《はら》い却《しりぞ》けせしむべし。仍って浄行僧四口を請じ、各々像前に当って、一事以上最勝王経四天王護国品に依り、日には経王を読み、夜には神呪《しんじゅ》を誦せしめよ。但し春秋二時は一七日を別にし、弥益し精進し法に依って修行せよ。仍って監《げん》已上一人を其の事に専当せしめよ

という相当切迫した憂慮のあることを示しておりながら、同年紀三月四日条によれば、この状況下でもやはり新羅国使の来航に対し、河内守紀広純《きのひろずみ》と大外記内蔵全成を派遣して、来由を問わしめるなどの対応をしているのである。

金三弦《きんさんげん》以下二三五人で大宰府に至った使者は、翌五日河内守に発令された広純らの問に対して「旧好を修めるため、信物と河清の書を持って来た」と答えた。貢調を信物と改称したり、対等の国交を求めるのは、旧章に従わず新意を作るものだとした朝廷は、「渡海料を給いて放還すべし」と勅令した。呪詛し合うほどの関係で、相手の呪詛を攘うために仏を頼むような心情のもとでも、なお「渡海料」というしかるべきものを支給するあたりに、先に指摘した本音が見えるのであるが、元来外交というものは武断を避ける駆け引きで、これがあるべき実態なのであろう。

同年紀五月十七日条には大宰府に出された勅がある。ここでは、「比年、新羅蕃人、頻りに来著すること有り、其の縁由を尋ぬるに、多く投化には非ず、忽ち風漂を被りて引還るに由無く、留りて我

が民と為るなり」という状況分析した上で、それに対して「このような場合に皆放還して弘恕を示せ。もし船破れ粮を無くしている者には、所司が事を量って帰れるように取り計え」という趣旨の指示が出されている。もちろんこういうことについては、種々の推量をすればそれもできるわけで、険悪な関係の外国人を国内に入れることは、国防上危険になるとの見地からの処置だとすることも可能かもしれない。しかし「弘恕を示せ」という言辞をその通りに信じ受け止めてよかろうと思われるので、これも来航した使節団に渡航料を与えるのと同じような、外交上の付き合い措置と位置づけてしかるべきであろう。

宝亀十年（七七九）七月十日、遣新羅使として任に赴いていた大宰少監下 道長人《しもつみちのながひと》が帰朝した。彼は、持節遣唐副使小野石根《おののいわね》一行の判官として渡唐後、前年十一月に帰任する途次耽羅《たんら》に漂着したところを島人に略留されていた海上三狩《うなかみのみつかり》を救迎するために派遣されていたのである。三狩は遣唐第四船に乗っていたのに耽羅（済州島）に漂着したばかりに厄に遭ったのであった。しかし彼が抑留されたところで隠密に纜を解いた録事韓国 源《からくにのみなもと》らが船に残っていた「四十余人」を率いて甑嶋《こしき》に脱出していたので、年が明けてから改めて長人が派遣され三狩を伴い帰ったのである。当然新羅側は耽羅に対しての圧力をかけて日本の目的達成に協力したに違いない。

そして十月九日には金蘭蓀ら新羅使来日について大宰府に照会の勅が出るのである。前の月に渤海・鉄利ら三五九人が出羽に来航していたあの時に当たる。大宰府に勅してその表函のことを責め、渤海に対する例に準じて表文の写しと、使人の齎している消息とを駅伝奏上させた。その八日後に、新羅貢朝使の称で彼らと唐客高鶴林《こうかくりん》等五人とを一緒に入京させる指示が勅をもって大宰府に下された。新羅との関係を悪化させまいとしている様子がわかる。

唐からは三月に遣唐副使大神末足《おおみわのすえたり》らが帰朝した。これより先、前年十一月八日に、副使小野石根らの第一船は帰途難破して石根ら「三十八人」と唐使趙宝英《ちょうほうえい》ら「二十五人」は没死していた。判官小野滋野の船は無事で、唐客をも伴って帰朝到着していた。耽羅に抑留された判官三狩らが数か月後に救迎されたことは右に見たが、主神津守国麻呂《かんつかさつもりのくにまろ》も割れてしまった遣唐第一船の艫に唐の判官らと乗って「五十六人」で薩摩国甑嶋郡に漂着し、判官大伴継人《つぐひと》と元の入唐大使藤原河清（清河）のむすめ喜娘《きのいらつめ》等は舳に乗って「四十一人」で、肥後国天草郡に漂着した。第一船には一六〇人乗っていたことになる。

滋野や国麻呂らが伴った唐客は、すでに宝亀九年紀十一月条段階から、その迎接のことは見え、十八日には安芸国に唐客を送る船二艘を造らせることにし、十二月になると、送唐客使布勢清直《きよなお》、判官甘南備清野《かんなびのきよの》・同多治比浜成などの任命が行われる。左右京から騎兵八〇〇を発して唐客の上洛を迎えさせ、その拝朝のため奥羽から蝦夷二〇人を徴した。十年正月に拝賀した『続日本紀』の記事などはないが、二月初め客死した河清と没死した石根に対する贈位記事はあるから形式的にも内容的にも対策は講じられたものであろう。

そこに最終的に副使末足らが帰朝したわけである。石根なき後、彼は最高使節の立場にある。多分末足の伴った唐客もいたのであろうか、彼の帰朝後約四〇日で四月二十一日には唐客を京に迎える行列のことなどが論議されている。そして四月三十日入京し、五月三日唐使判官孫興進《そんこうしん》と秦怤期《しんふき》が朝見し、国書・信物を進めた。前年国麻呂と共に漂着した判官が興進なのかもしれない。唐に対して我が国が重厚の対応をしたことはいうまでもないから、十七日には朝堂で饗宴があり、本国の状勢などを問われて語った。二十日には右大臣大中臣清麻呂宅で饗宴があり、綿三〇〇〇屯が贈与され、二十五日には唐使辞見し中納言物部宅嗣から勅旨によって新造船二艘を与え送られた。信物や賜物を贈られ、旅の安全を願って「卿等好去せよ」という中納言物部宅嗣の送詞をうけ、「拝辞して悵恋《ちようれん》に勝《た》えず」と答え、五月二十七日に帰国の途に就いた。なおこの時、唐で死去した阿倍仲麻呂が意外にも家人も乏しく葬礼にも闕けるところがあるからと、勅をもって東絁一〇〇疋・白綿二〇〇屯を賜わった。唐に赴く人々が持参したわけである。

新羅から三狩が帰るのはその一月余後になる。関連するように十月九日大宰府に対し金蘭蓀らの来朝に関し勅が出ることになる。あたかも唐と渤海との使者が来日したことに関連して、自国の立場が不利にならぬように牽制するために来朝したが如き概がある。だから「恒例」があるのにどうしたのだという形式論で、朝廷は問責がましい勅を大宰府に出したのであろう。実は、後にも触れる十一年紀二月十五日条では新羅使は三狩を送って来たことに関わると述べているので、十年十月段階で何で四の五の言っていたのか理解に苦しむところもある。

新羅貢朝使と位置づけられてからは、それと共に行動する唐客五人の素性であるが、宝亀十一年紀正月条の拝賀についての際には、「唐使判官高鶴林」とあって新羅使よりも上に記されている。五人とは少数ではあるが十年五月に帰った孫興進らとは別に来日したのであり、それは新羅使と共に来たものであり、しかも鶴林の肩書からして三狩と同船で共に耽羅に抑留されていた者であると断じてよかろう。この時期には、北の出羽には渤海、西の大宰府からは唐と新羅が来訪しているという外交多忙の局面を迎えていたわけである。そしてそのいずれの対象に対しても厚遇をもって接するという政策を実施していたことになる。外交は丁重に厚くというのが実態であったばかりでなく、可能な限り厚遇するのが外交の原則理念だったものと見える。日本だけではなく東アジアの中心的地位を占めている唐朝でもそうしていたことがわかるから、これは世界中普遍の原理なのであろう。

さて件《くだん》の宝亀十一年紀二月十五日条であるがそこには「新羅使蕃に還るとき璽書を賜いて曰く」として、積年不朝、軽使無表、諭告不承行などと並べ立てて難じ、「今回の金蘭蓀も口奏を陳べるだけだから理は国境から放還すべきだが、三狩を送ってきた事実が重要だから賓礼に依って遇した。今後は必ず表函を持って来い。然らずんば筑紫の府か対馬から入れないぞ」などと強い申し渡しをしているのも、実質的には厚遇しているのであるから、これは単なる建前論をしているにすぎない。だからその後も「積年不朝」の状態が続くのであるが、延暦二十二年（八〇三）三月遣唐使がらみで遣新羅使も派遣されるのである。

新羅の方も断交などを望まないことは同様であろうから、応えるごとく七月に遣日使を発したと『三国史記』に見える。同書には日本が翌年五月に新羅に遣使して黄金三〇〇両を進めた旨も記されている。延暦二十三年（八〇四）九月に、七月に出航してすぐ行方不明になった遣唐使船の消息を尋ねるために、新羅に使者を出したことが『日本後紀』にあるが、五月の黄金の件は史料がない。また『三国史記』には哀荘王七年（八〇六・大同元）同九年（八〇八・同三）にも日本の使者があり、引見したとか、待遇したとかという記載があるけれども、対応する日本側の史料は伝わらない。しかしいずれにしても両国が付かず離れずの隣国関係を続ける努力をしていたことは疑いがない。本当に善隣関係であったわけでもないのにである。

海賊来襲

弘仁二年（八一一）に至ってどうも現実騒しくなる。『日本後紀』八月十二日条によると、あるいは一族であろうか金巴兄《きんはけい》・金乗弟《じょうてい》・金小巴《しょうは》の三人が、日本に漂着していて、今度流来して帰国する新羅船のあることを聞き、同乗を求めて許された話がある。この三人は、去年海賊に襲われて殆どの同僚が没死した中で、運よく日本に漂着した新羅人だったのであるが、同国海域がらみで海賊という不穏の状況が生じてきていたことは明らかである。同年紀十二月六日・七日条によると、対馬の西海に来航した三艘の新羅船が一艘は下県に着いたが、二艘は闇夜に流れ去ったこと、着いた船には一〇人の人物がいたが、言語通ぜず事情不明であること、その翌日にも二十余艘が西海にやって来て燭火を連ねた。結局それは賊船だったことがわかって、先の一〇人のうち五人を殺したが五人は逃亡した。後日四人は捕えられたが、兵庫を守り軍士を発してまた新羅の方を遠望警戒しており、毎夜火光数処があって疑懼が去らないという状態になった。

大宰府は、対馬に新羅訳語《おさ》と軍毅《ぐんき》を派遣し、旧例に準じて要害を護るように管内と長門・石見・出雲等に告げたという奏状を十二月末に提出している。きわめて不穏の状況になったわけである。以前とは変わった状態で、新羅人来航関係の史料が国史に続いて出てくることになる。人の移動が騒がしく行われるようになったのは、新羅の国情が安定を欠くようになっていることを示すものかもしれない。でもそういう不穏不安定の中でも、日本と新羅との交渉は私的な関係も含めて継続していたことを史料は物語っているのである。

弘仁三年三月に新羅人清漢波《せいかんは》（巴）らが流来して帰国を望んだので放還する。九月九日新羅人劉《りゅう》清《せい》ら一〇人に粮を賜い放還するなどということがあって、平常の形というか平和の状態というかの雰囲気が一応認められるが、実情まで立ち入れば然らずで、やはり不穏でもあり不安定でもあったのである。弘仁四年（八一三）三月に大宰府からそのようなことを示す報告が出されているのである。

大宰府の上言は同月十八日付であるが、肥前国司の解《げ》は四日付で、それは「前九」すなわち二月九日付の基肆《きい》軍団の校尉《こうい》の解に基づいているものである。この校尉の名は「貞弓」とのみある。氏の省略であろう。内容は新羅人一一〇人が五艘の船に駕し小近嶋に着いて土地の人民と相い戦った。九人を殺し一一人を捕えたというものである。小近嶋は五島列島の小値賀島《おぢか》であるから、この時期肥前国や筑前国などでは新羅の来寇という意識が払拭できなかったに違いない。それでありながら、肥前の二月七日解によれば、新羅人の一清《いっせい》らが言うには先の清漢巴（波）らが日本から帰着したとのことであると報告している。大宰府に対して政府は三月十八日付言上への指示として「十分に問い事情を明らかに定めて、若しも還りたいと願う者は望みのままに放し還し、結局帰化したいという者は例に依って進め止めよ」と言っている。正しく和、戦両様の構えということになる。

帰化の件は、翌五年八月二十三日にも加羅布古伊《からふこい》なる新羅人たち六人の化来の者を美濃国に配したとあり、同六年（八一五）には対馬嶋で、史生《ししょう》一員を新羅訳語《しらぎのおさ》に振り替える手続がとられて、新羅人との対応の増えたことを示し、翌七年には十月に大宰府から、新羅人清石珍《せいせきちん》ら一八〇人が帰化したと報告してきたので、時服及び路粮を賜い便船によって入京させ、八年には、二月に大宰府から新羅人金男昌《きんだんしょう》ら四三人帰化の報告と、四月に同府から新羅人遠山知《えんさんち》ら四四人の帰化の報告とがあり、同十三年（八二二）七月十七日にも『日本紀略』の文なので詳細は不明ながら「新羅人四十人帰化」とある。

同様の帰化のことは、新羅が九三五年（日本では承平五年に当たる）に、渤海滅亡に後れること一〇年で、高麗に降伏し滅亡するまで断続的に史料がある。すなわち、天長元年（八二四）新羅人の辛《しん》良《りよう》・金貴賀《きんきが》・良水白《りようすいはく》ら五四人を陸奥国に安置し、法によって復《ほく》を給し、兼ねて乗田《じようでん》をもって口分田《くぶんでん》に充当したことが『類聚国史』に見える。仮に何年か前に来日していたものにしろ、この手続が帰化新羅人に対してのものであることは疑いがない。同年春にも新羅人一六五人に乗田二四町八段を授け口分田としたことが並んで記録されている。それも同様の手続であろう。一〇年後の同十年紀四月八日条にも投化新羅人金礼真《きんれいしん》ら男女一〇人を左京五条に貫附《かんぷ》している記述がある。

さらに九世紀後半になっても、貞観十二年（八七〇）紀には二月に貢綿掠奪の嫌疑に関わる新羅人潤清《じゆんせい》以下三〇人と他の流来人七人などがいて、通常の帰化人とは異なるが、九月に清倍《せいばい》以下五人が武蔵国に、僧香嵩《こうすう》以下五人が上総国に、潤清以下一〇人が陸奥国に配置されて口分田と営種料を給されている。寛平二年（八九〇）十月にも隠岐国に新羅人三五人が漂着したが人別に米塩魚藻などを賜ったということが『日本紀略』にある。帰化したともないが放還したとか、放却したとかとも書かれてはいない。

通常帰国させた場合については、弘仁の清漢波以後も明確な記録がある。承和元年（八三四）紀二月二日条に、新羅人が大宰の海涯に泊着しているのに対し百姓が矢傷を負わせた事件があり、それに対して太政官は府司を譴責し、射た者は処罰し、傷痍者には医者を派遣して治療し、糧を給して放し還したことを明記し、斉衡三年（八五六）紀三月九日条でも大宰府から奏言のあった新羅人三〇人の漂着者に粮を賜い放し帰したとあり、貞観五年（八六三）紀にも、四月下旬に、新羅僧三人がかねて博多に着いていたのを、大宰府に勅して鴻臚館《こうろかん》に安置し粮食を資給し、唐人の船を待って放し却《かえ》し、十一月にも新羅東方の別島細羅国《さいらこく》人五四人が丹後国に来着したのと、新羅国の商人らしい五七人が因幡国に来着したのとに、勅によって程粮を給し放し却したことが記録されているし、翌六年紀にも前年石見国に新羅人三十余人が来着し、十余人が死に二四人が生存していたのを二月中旬国司に詔して程粮を給し放し却した記録がある。

だがこの後の歴史の展開は決して平板的ではなかった。貞観八年（八六六）七月には肥前国基肆郡《きいぐん》擬《ぎ》大領山春永《たいりょうやまのはるなが》が、新羅人珎賓長《ちんぴんちょう》と共にその国に渡り弩の造法を教え、向こうから還り来て将《まさ》に対馬島を撃ち取ろうとしている由を基肆郡人川辺豊穂《かわのべのとよほ》に語ったと、豊穂の告発で大宰府が馳駅奏上した。その奏するところでは、藤津郡領葛津貞津《ふじつぐんりょうふじつのさだつ》・高来郡疑大領大刀主《たかきぐんぎたいりょうたちぬし》以下の同謀者がいたという物騒な事件であった。もとよりこの頃は、美濃国の各務郡《かがみぐん》大領各務吉雄《かがみのよしお》・厚見《あつみ》郡大領各務吉宗《かがみのよしむね》が、兵騎七百余の軍を率いて河川域をめぐる争いから尾張国内に乱入し、「郡司の無状」「国吏の不弁」を太政官符で厳しく指摘されているような時期であり、伴大納言善男《とものだいなごんよしお》の応天門《おうてんもん》放火が密告されたため、例の事件が展開される時期であり、また私的限りないことながら紀伊国に「挙身純白雪の如き」特異体質の五歳と二歳の姉弟の生れていたことがわざわざ記録されるような時期でもある。対外的なことの不安や、郡司層地方豪族の不穏があって、それが西海では外国がらみのこととして展開しても不思議はないのであろう。

俘囚の登場

同十一年（八六九）五月には新羅の海賊が艦二艘に乗って博田《はかた》（多）に来襲し、豊前国の年貢の絹・綿を奪って即時逃げ、兵を発して追ったものの結局獲えられなかったと報告されたことが『三代実録』六月十五日条などで知られる。しかもこのときに古代東北史に関わり深い人間にはきわめて印象的なことも派生した。東北から移住させていた夷俘・俘囚を新羅との対戦に充てたのである。貞観十一年十二月五日付の「応《まさ》に夷俘を配置し、警急に備うべきの事」という太政官符が『類聚三代格』にあって、『三代実録』でも同日条が官符の趣旨に基づいて文をなしている。

先ずその前提には大宰府の言上があって、「新羅の海賊が侵掠した日、筑紫に配備の統領選士たちを差遣し追討させようとした時、彼らの性は懦弱《だじやく》であって全員憚《たん》気《き》があった。そこで俘囚を調発して、征略のことを教え含めると、意気激怒して一以て千に当たる活躍をした。若し非常があったら誰を以てその兆の響きに応じさせようか、彼ら以外にはない。彼ら夷俘は諸国に分居し、常に遊獦《ゆうりよう》を事としている。農桑に従わないので徒に課役を免じ多く官粮を費している。望み請うらくは、彼らを要所に配置し以て不虞《ふぐ》に備えたい。分けて二番を組み、番別百人とし毎月相替え、交互に駈使したい」というのであった。

これを受けて大納言藤原氏宗《うじむね》が勅を奉じて宣するところは「俘夷の性は、元来平民とは異なっている。制御の方途も恒典を用いるのは当たらない。若し忽ちに旧居住地から離して新たに他の土地に移ったならば、衣食も続け難く、精神的にも平常とは別になるとすれば必然的に野心を刺戟するだろうし、遂には猜《うら》んで変乱を起こすことになろう。宜しく監《げん》と典《てん》とには謀計策略のある者を簡び、夷俘隊の業務を担当させ、それと共に統領選士の軍技に堪能な者を隊長として、できる限り綏《おだや》かに誘導し能く武術を練るようにせよ。……また一〇〇人で一番を組むと、住居や業務を給し難く、食糧の運送に煩いが多い。それ故五〇人一番として、まさに機急の備えに宛てるべきである」というものであった。

新羅の来襲があった場合の強さがわかるし、迎える九州兵の恐怖ぶりもわかる。俘軍を投入することについては、弘仁五年（八一四）出雲で叛俘を征討した功で夷第一等胆沢公母志《いさわのきみもし》が位を授けられたこと、貞観十二年に上総国に下した太政官符で、「蝦夷の族類を分割して、中国に散居させ、もし盗賊などがあったなら、それを防がせて来ている」といっていること、などから、地方軍事制の上でもそれなりの役割を果たしていたものと見られる。

中世史家の中には、これを中世初期ヨーロッパ・スキタイ族のような遊牧騎馬民族にみられる、「弓矢を用いる軽装騎兵」に属すという西洋史学者の表現を援用して、「狩猟・放牧民集団の中で形成された騎猟の精兵が律令国家の地方軍制のひとつの中核を構成するに至った」ものとし、「平時の治安機構の末端に置かれ、国衙の軍事的爪牙をなしていた」と、論ずる人もいるが、もしそうだとすれば、この平時の警察俘軍を外寇にも用いたものということになるが、筑紫の統領選士の懦弱だとか悍気だとかは、相手の力を熟知していることによって生じたのであろう。

七月二日条や十二月二十九日条では、そのようなことの起こったのは大宰府司と豊前国吏の怠慢である。そのため官物を失い、新羅の寇賊に隙に乗ぜられ国威を損辱する往古未聞の結果を招いた。海辺の百姓五、六人が死を冒して追戦したという忠敬行動のことも府司は報告しないと不備を指摘しながらも、禁縛している嫌疑の者も、異邦人だから仁恕をもって早く放し却せ、という勅譴が出されているほど対外的問題に配慮し、かつ石清水八幡に奉告し加護を求める重大事として受け止められた。讃岐でも海賊男女四人が捕えられたというから、世は律令制に基づく国家体制の変転期で、激しく動いていたのであろう。

新羅海賊事件はなお尾を引く。翌十二年二月二十日大宰府に勅が下され新羅人潤清《じゅんせい》・宣堅《せんけん》等三〇人を上京させることになった。『三代実録』の二十日条によれば、潤清らは貢綿掠奪の被疑者で禁錮されていたようであるが、先の異邦人だからことに仁恩を加えよとされた指示で、給粮放還の措置が取られていたのに、順風を得ないために帰国できないでいたのである。また対馬国から「新羅消息日記」と流来した七人とを大宰府に進めた。一方対馬の島人卜部乙屎麻呂《うらべのおとくそまろ》が鵜を捕えようとして新羅境域に入って捕縛され収獄されていたが、脱獄に成功して帰国した報告では、新羅が大船を造り、兵士を簡んで訓練しており、対馬を伐ち取るため準備しているということだったし、潤清らは久しく交関の事に従い我が国土に僑寄《きようき》しているので我方の備のないのを知っている。七人も流来を詐って偵察に来たのかもしれない。だから「安にいて危を忘れず」の立場からいえば、大宰管内に居住する者たちも、外は帰化しているようだが内実は逆謀を懐いているかもしれない。新羅が来侵したら必ず内応するだろう。新旧を論せず彼らを陸奥の「空地」に併せ遷しその奸心を絶つことにする政策に転ずるという状況の推移があった。

実際六月十三日条によれば三〇人のうち七人は逃亡してしまった。九月十五日条で諸国移配を受けたのは、清倍等五人が武蔵に、元昌等五人が上総に、潤清等一〇人が陸奥にという、二〇人だけであった。逃亡したとも記されていない他の一〇人はうやむやになったのであろうか。それは対新羅問題が平穏になったから一〇人が放免されたということではないらしい。武蔵の五人のうち金連《きんれん》ら三人は貞観十五年（八七三）に逃亡しているし、上総に配置された二人は甲斐に来寄していて本処に戻されるなどなかなか際どい動きを見せているからである。しかもそれが、この貞観十二年紀十一月十三日条に見られるように、大宰少弐が新羅国王と通じ「国家を害せん」としていると、筑後国権史生が報告してきて、検非違使で調べられ、十七日条ではその少弐藤原元利麻呂《げんりまろ》等が追禁されるという国政上の重要問題も併び存在している状況を見ると、決して軽視できない状勢下の出来事なのである。

貞観十五年三月国籍不明の船二艘が薩摩国に着いた時にも、言語は通じないが渤海人だとの申立をしたので、大宰府が領将しようとしたのに一艘は逃げてしまった。あるいは新羅人が偽称しているのかもしれないとの言上に対し、勅して、渤海人なら遠い海外から帰順しているので慰労し粮を与えて帰し、新羅人なら久しく禍心を挟んでいるのでその身を禁じて言上し、管内諸国に命じて厳重に警守せよと命じている。渤海と新羅とが対比的に扱われていて、新羅に対する厳しい立場がより浮彫りにされている。

来襲と対応と

それでも翌年新羅人金四《きんし》・金五《きんご》ら一二人が船一艘で対馬に来着した際も、大宰府に命じて来由を問い速かに放し還している。それは、国籍不明船が薩摩来着事件の四か月後にも、対馬に漂着した三二人を拘禁し、「奸を挟むこと年久しく、兇毒未だ悛めず」といいながらも、早く放し還せと十二月下旬に大宰府に命じていたのであるから、準じて、当然すぎる処置であろう。だから新羅側も、日本では彼の秋田城下俘囚の乱の最中である元慶二年（八七八）八月に日本の使が訪ねたのを、国王が引見をしたことや、同六年に日本の使者があったことを『三国史記』に伝えることになる。両国間に不信や緊張がありながらも、決定的断絶の形を避けるのが外交の智恵なのである。仁和元年紀六月二十日条によれば、前年に漂蕩《ひょうとう》したまたま着岸した際に、官粮を給され本国に帰り得たお礼言上だといって、同国執事省牒と信物を天草に持参した徐善行《じょぜんこう》以下四八人に対しても、事は故実に乖《そむ》くと明言し、新羅国人は禍心を包蔵するから重法に従うべきだと位置づけながら、「朝家《ちょうか》仁を好む。之を為すに忍びず」といって放還するのである。

まして寛平二年（八九〇）隠岐国に新羅人二五人が漂着したなどという単純な事例では、人別に米塩魚藻を賜るという扱いをしているし、同五年長門に漂着した新羅法師三人の場合は、異事なければ粮を給し放し却すという処置がとられることになる。同年十月下旬には長門国阿武《あぶ》郡漂着新羅人については、事由を詰問し早く言上せよとしているが、これは五か月前に肥前に新羅賊が来襲したのを追討するとか、引き続き肥後国に来襲して人宅を焼いたり、また肥前にも来襲したりして追討の命令が出ているような状況下においての出来事だからである。

六年になっても賊来襲事件は絶えなかった。二月に追討の勅があったが、三月にも新羅賊は辺島を侵寇し、追討の勅が出た。四月対馬に来着した新羅の賊については十日に大宰府の報告を受けるや管内諸神に奉幣させ、十四日には凶賊討平の奏による求めに応じ藤原国経《くにつね》を権帥《ごんのそつ》として派遣し、十七日には大宰府に新羅賊討平の勅符を賜うと共に北陸・山陽・山陰諸国に武具を備え精兵を選び警固するように下知し、十八日には東山・東海道の勇士を召集し、十九日その賊を討つために伊勢神宮に奉幣し、二十日陸奥・出羽にも警固を命じ、諸神社に幣帛使を遣し、二十二日にも山陵使を発遣するという重大事としての対応をしたのである。

そこに五月七日大宰府から飛駅来使あり、賊は逃去り討獲できなかったと報告してきた。翌日固守を命ずる大宰府への勅符が出される。九月十九日に至って大宰府から「新羅の賊二百余人を打殺した」と飛駅言上があった。朝廷は諸国に軍士の警固を停止するよう仰せ出した。二十三日には山陵使も発せられ、二十九日には遣宇佐（八幡）使も発せられて事態好転したが、三十日の大宰府飛駅使は新羅賊二〇人を打殺したと報告したので、また警固の勅符が出され、対馬の上県《かみつあがた》の和多都美名神《わたつみのみょうじん》、下県《しもつあがた》の平《たいらの》名神・多久豆《たくつの》名神・小坂宿禰《おさかのすくねの》名神・石剣《いしつるぎの》名神などの神位を進めた。緊張が走ったのであろう。またその日遣唐使を停めた。直接新羅賊のことが原因ではないが、こうした西海の不穏が判断の一材料になった可能性はある。

また『日本紀略』とは典拠史料に出入があるのであろう『扶桑略記』には九月条に相当詳しい記録があって、それによれば、五日に対馬に新羅賊徒が船四五艘で来た。そのことを九日に大宰府から飛駅使が報告している。十七日には国守文室善友《ふんやのよしとも》が郡司や士卒などを召集して「汝等若し箭を背に立てる者は軍法を以て罪を科すであろうし、額に箭を立てる者は賞せられるであろう」と言ったという。仰せ訖《おわ》ってから、すなわち郡司士卒を整列させ、前国守田村高良《たむらのたかよし》をして統括させ、嶋（国）分寺の上座の僧面均《めんきん》と上県郡副大領下今主《しもついまぬし》を押領使とした。一〇〇人の軍で二〇番を組み、賊が要害に移る道を絶たしめ、豊国春竹《とよのくにのはるたけ》が弱い兵四〇人を率い賊の前を度（渡）った。凶賊はこれを見て武器を鋭くして国守善友の前に向かって来た。善友は楯を立て弩を調節させ、また乱声を発しさせた。同じように凶賊も乱声を出し、たちまち射戦となり弓の箭は雨の如く飛び交った。賊たちが弩で射られて逃帰るのが見え、将軍は追い射った。賊人は迷い惑ってある者は海中に入りある者は山上に登った。結果として合計で三〇二人が射殺され、中には大将軍三人・副将軍一一人も含まれており、多数の武器・武具も獲取された。わずか一人の捕虜がありその名は賢春《けんしゅん》といいその申し立てによると、新羅では凶作で人民は飢え苦しみ倉庫は悉く空しく、王城安からずそれで王の仰せで穀物や絹を取るために急ぎ来帆した。大小の船一〇〇艘、乗っている人二五〇〇人であった。射殺された者の数も甚だ多いが、遺っている賊中には最高度に秀敏な将軍三人がおり、その中に唐の将軍が一人いるというようなことが記されている。

十九日に出された官符には出雲隠岐でも烽燧を置くことが定められているが、それは隠岐国解に基づくものであった。そこでは令条で諸国に烽燧を置くことになっていたのに、延暦になり永く停廃されていた。今寇賊がしばしばやって来る。辺陲を侵掠されたら京都に通ずる方法がないから旧に依り烽燧を置くとしている。西海だけではなく山陰にも及ぶ対外緊張だったのである。しかしこのような情勢下で、しかも五年の肥前松浦来寇事件の寸前であっても、先の新羅法師神彦《しんげん》ら三人に対しての給粮放却の如く、和平の交流を継続する努力は続けられた。この激しい敵対期を経ても、六年十月『日本紀略』に大宰府から「新羅賊船退去」が報告されると勅符を給い、さらに筑前宗形（像）の神々に叙勲のあったことが収められて後は、平静に至ったらしく特別の記録はなくなる。

このように新羅の来寇と見られる事象があったのは、寛平期に入ると、新羅国内でも元宗《げんそう》・哀奴《あいど》の乱が起こり、弓裔《きゅうえい》や甄萱《げんけん》の挙兵が続き、赤袴賊《せきこぞく》の乱が起こるという政治状況を迎え、社会も不安定になることと関連する。甄萱は寛平四年に当たる八九二年に挙兵し、やがて後百済を建てることになるし、弓裔は一〇世紀に入れば後高句麗を建てて甄萱を破ることになる。新羅の統治力が徹底的に下降する方向を寛平期は持っていたのである。昌泰・延喜年代に当たる弓裔と甄萱の争覇は、結局、弓裔のもとに九世紀末以来属してきた王建《おうけん》が、延喜十八年に当たる九一八年には弓裔を倒して高麗を建て、それから一七年後に、新羅敬順王は高麗《こうらい》に降り事実上高麗時代になるという朝鮮史上の激変を迎えるのであるから、当然日本側の新羅対応の外交重要度も下がってくるが、それでも延喜七年（九〇七）新羅との牒状交換があったことなどが尊経閣文庫資料などで知られる。

厚遇の背景

渤海使に見せたような厚遇は、実は外交政策やその根本理念においては常識的なことなのではないかということが、むしろ仮想敵国のような場合さえあった新羅に対しての対応を以上辿ったところに照らして見るとき、改めて明白になってくる。実はこれは古代外交だけに限られることではないようである。一七世紀初めに伊達政宗《だてまさむね》の慶長遣使としてスペインとローマを訪れた支倉《はせくら》六右衛門常長《つねなが》に対し、すでに大国は植民地オランダの独立戦争への対応などもあり苦悩を抱えており、宗教上の問題からも通商上の条件からも、殆ど関心を持てないスペイン王フェリーペ三世であったにもかかわらず、常長を謁見し、ローマへの旅費四〇〇〇ドゥカードを給付し、ローマ法王パウロ五世も日本の禁教や政宗の真意と常長の資格などに強い疑問を持っていながらも、謁見もし華麗な入市式のパレードも挙行してくれた。外交というものは本来時代を問わずそういうものなのであろう。「二十六聖人」以下多くの殉教者も出し、日本がキリスト教国になったわけでもなく、その支倉常長すら信仰の故もあって、帰国後不遇のうちに世を去るようなことになる。それは近世初頭の日本の歴史展開全体がそのような方向を辿ったことを暗くしかも確かに表徴しているが如くである。

日本のキリスト教に対応する歴史がそのように展開する中に位置している支倉であるにもかかわらず、その日本人支倉について、ローマ法王ヨハネパウロ二世が、四世紀前に支倉の東と西の対話のために果たした役割を、今も大切であると評価するようなあり方こそ、外交というものの備えている古今東西を通じての公的乃至は表向きの建前なのであろう。

当初の政治・軍事性から商旅性に変わったというだけで、渤海の持つ対日友好態度には、全く変化がなかったのであるから、仮に、貞観十四年紀正月二十日条に「京邑《みやこ》に咳逆《しわぶき》の病発し、死亡する者衆し。人間《じんかん》言う渤海の客来たり、異土の毒気の然らしむるなりと」とあるようなことが、再三ならずあったとしても、我が国がその対応において、厚遇と思われるような姿勢を見せても、それは少しも非常識なことでも異例のことでもなかったのであり、対新羅外交においても、少なからぬ不穏や不信や事件があったにしても、相互に、交易という実利のことも含めて相手の来航に期待するところがあったと見られることを考え併せれば、日渤交渉が一方にあったとはいえ、日本と新羅の間に三国新羅時代以来の長い交流の経緯をも、背景とし、基盤として、相手国の続く限り友好関係の樹立に努めようとしたのは、きわめて自然の外交史のあり方だったのである。

八　奥羽の物産と北の海みち

独　犴　皮

渤海使は、第十四回大昌泰が、第十一回の遣渤海使内蔵賀茂麻呂同道ではあったからでもあるが隠岐に来着して以来、もう出羽に来航することはなかった。これからは、普通教科書の地図に描かれているような、日本海西部を直線的に通る海みちが、正しい表示になるといってよい。だが、日本海対岸地には、渤海国使以外に日本を目指している人々がいなかったわけではない。東北地方に北の海みちが通じなくなったということではない。やはり平安時代になっても北から大陸文化の流れが伝わっているのである。『延喜式』の巻二十三は、民部省に関わる諸規定の条文が収められる部の「下」になる。ところでその巻には諸国から正税をもって求め納める年料の品々の納入についての諸条文が列挙されている。続いて正税をもって調達した「交易雑物」を諸国から進める規定がある。そしてそこでも通例の如く山城からはじまる畿内諸国の分からはじまり、東海・東山と諸道の国々のことが順次に掲げられる。二五番目に下野国のことがあり、二六・二七番目に陸奥と出羽両国分がならび記載される。

陸奥の品目は「葦鹿《あしか》皮・独犴《どつかん》皮、数は得るところに随え。砂金三百五十両、昆布《ひろめ》六百斤、索昆布《いとひろめ》六百斤、細昆布《ほそめ》一千斤」とあり、また出羽の品目は「熊皮二十張、葦鹿皮・独犴皮、数は得るところに随え」と定められている。それは、同じ東山道の隣国下野の「布《ぬの》一千四百三十六端、商布七千三段、履料牛皮《はきしなのうしかわ》七張、洗革一百張、鹿角《かづの》十枚、席《むしろ》八百枚、砂金百五十両、練金《ねりこがね》八十四両、紫草一千斤、氈《けむしろ》十張、樏子《らいし》四合《ごう》」とあり、東海道の隣国常陸の「絁《あしぎぬ》一百疋、布四千端、商布一万三千端、庸布七百段、鞍橋《くらはし》十具、鞦《しりがい》二十具、履料牛皮九張、鹿皮二十張、洗革一百張、鹿角十枚、席六百枚、紫草三千八百斤、大瓢《おおふくべ》十口、樏子四合」というのに対し、比較することもできないほどの少数品目である。「合」という単位で数えられているので、この樏子は蓋付なのであろう。

このような東北両国の少品目性は、単に公費調達の品物だけに限られるものではない。代価は払わない徴収物についても認めることができる。古代日本においては崇神天皇紀十二年条に「男之（弓）弭調《ゆはずのみつぎ》、女之手末調《たなすえのみつぎ》」と記されているもの以来の伝統的なもので、基本的に自然から生み出すにしても工芸的に製作するにしても、令制税役で規定されるものも相似である。主計式上の調庸に関わる規定で、陸奥は調が「広布二十三端、自余は狭布・米・穀を輸せよ」、庸が「広布十端、自余は狭布・米を輸せよ」と、出羽は調・庸共で「狭布・米・穀を輸せよ」と定められている。

それに対し、下野は調が「緋帛《ひはく》五十疋、紺帛六十疋、黄帛五十疋、橡《しょう》《つるはみ》帛二十五疋、絁二百疋、紺布八十端、縹《ひょう》《はなだ》布十五端、榛《しん》《はんのき》布十端、自余は布を輸せよ」と、庸が「布を輸せよ」と定められており、常陸は調が「緋帛七十疋、緋纈絁《ひのしぼりあしぎぬ》三十疋、紺帛七十疋、黄帛百六十疋、絁一千五百二十五疋、長《なが》幡部絁《はたべのあしぎぬ》七疋、倭文《しずおり》三十一端、自余は絁・暴布《さらしぬの》を輸せよ」と、庸が「布を輸せよ」と定められているのに対しやはり比較しようがないのである。その上、調庸では奥羽以外の国には中男作物というある種の付加税的な輸納物が課されていて、下野では「麻《お》百五斤、紙、紅花、麻子《おたね》、芥子《からしのみ》」が、常陸では「麻四百斤、苧《からむし》、紙、熟麻《ねりお》、白暴《さらし》熟麻、紅花、茜《あかね》、麻子、（雑）腊《ほじし》、鰒《あわび》」が掲げられることを勘案するならば、落差は甚だ大きいことになる。

すなわち陸奥・出羽の両国には見るべき産物が乏しかったことが明瞭になる。ところがその中で葦鹿皮と共に独犴皮というきわめて特殊の交易雑物がこの両国のみの産物となっている点が目を引くのである。出羽の熊の皮も他に見えず珍しいが、坂東・北陸以南西の「鹿皮」という相当一般的産物や、九州の「狸皮」、四国の「亀甲」などやはり珍しい品目があるのと対して見るとき、この熊皮は出羽の「北方性」などは特徴づけることができるとしても、諸国に課せられる、いわば先の「弓弭調《ゆはずのみつぎ》」以来の伝統的な物ともいえる。それにこれらは、いずれもが調達定数が定められている。その一点で「数は得るところに随え」という独犴皮と基本的に異なっている。

要するに両国からしか産出しないか、両国でしか調達不可能かの独犴皮というものは、非常に貴重珍奇で入手が困難なものであるか、あるいは難易には関係がないが、多々益々弁ずで、いくらでも欲しいという品物であったか、ということになるわけであろう。あえて解釈すれば「珍しく入手困難の東北の特産でいくらでも多い方がいい」という毛皮であったと考えられる。毛質が良いか革質が良いか、そして多分大きいという特長もあったのであろう。

まず独犴と並んで数はいくらでもという同じ扱いを受ける葦鹿のことを考えてみたい。これは葦の葉のような差し毛模様のある毛皮を持つ鹿の意ではないと考えられる。それなら諸国から多量多方面の調達法で処理されている鹿皮の中に、十分に条件を満たす物もあったと考えられるからである。そしてそういう鹿なら何も最北の令制国陸奥・出羽両国に限定して求める必要もないはずである。「あしか」は海驢のことであると考えられる。東北でないと、古代蝦夷語と同系に位置するかと考えられる後世のアイヌ語でもアシカという北方性の海獣は捕獲できなかったのであろう。日本古語でウミウソといいカワウソに比類性を持つこの膃肭臍《おっとせい》より大きい用心深い海獣の毛皮を対象にして、岸に近寄って来る可能性の大きい東北に対しこの条文を設定したのであろう。

北方の犬

野生である葦鹿（海驢）と同列に扱われている独犴も、それに近い性質や生活環境を持ち、計画的に定数を決め得ない動物であったと考えられる。犴は豻と同じで本来は胡地の野狗のことであるという。北方系の犬なのであろう。野狗というからには野性的な生き方をもともとしていたのであろうが、独という文字規制を受けて一層主人のない独りぼっちを意味することになる。要するに東北地方にいる野良犬であるということになる。東北地方が日本の胡地なのでそこの犬を犴というのだろうという解釈も不可能ではない。だが『今昔物語集《こんじやくものがたりしゆう》』などを見てもわかる通り、古代日本で「胡国」というのは、「唐よりも遥の北」というように考えていて、漢語と同じく北東ユーラシア地方を指しているうえに「陸奥の国の奥に有る夷の地に差合たるにや」という理解になっているから沿海州の辺かその近接地を意味していたと考えられる。結論として日本海の彼方から渡来した犬で、しかも本来は主人に伴われるか主人と主人の間に飼育が引継がれた後に、飼主の手許を離れて野良犬になったものの皮であると見られる。

もともと柴犬などの日本犬は朝鮮半島南西部の珍島犬などと同じで、中国の浙江犬が伝来したものであるという。そして日本犬の野良は全国に広くいたわけであるから、両国の独犴はそれら日本犬とは違う系統や伝来経路を持つ犬であったと認められる。生化学者の間にはおもしろい研究がある。犬は血液型によると、赤血球酸性糖脂質として、アセチル型のヘマトシドを持つA型犬と、グリコリル型のヘマトシドを持つG型犬とがあり、その混合型などの犬は絶えてないというのである。

少し詳しくいうと、東京医科歯科大学の飯田《はんだ》静夫教授が東京大学の生化学教室で安江すみ子氏と実験し確かめたもので、「シアル酸からみたイヌ」という論文があり、山川民夫著『糖脂質物語』（講談社）の中にも採り入れられている。日本犬の血液型はG型なのに北海道犬や秋田犬という北方犬はA型ばかりであるというのである。そしてそこでは、明治以来外来の犬とさかんに交配されたというのにG型が全然みつからないのは、それ以前から秋田犬はA型であったのかもしれないとし、北海道犬や秋田犬は他の日本犬とは違った先祖を持つ可能性があることを指摘している。

大型の秋田犬は在来の日本犬に北方の樺太犬などが交配されたものと考えている学説もある。秋田犬が一〇〇パーセントA型であることに疑問をもって追究した研究もあるが、結果は圧倒的にやはり秋田犬はヨーロッパ犬と同じA型の血液型を持つことを明らかにしていた。もちろん北海道犬がいわゆる高砂族の持つ犬と近い遺伝子を有することも指摘されているのであるが、いずれにしても北日本犬がユーラシア大陸の北方から伝わった犬の系統の血を受けていることは明白であろう。

平安時代の法令に、胡国すなわち北方アジアの犬に結びつく表記の犬のことが規定されることは、日本列島の地勢上極めて自然の在り方である。犬は仮に古代東北で野良のものがいたとしても、本来狼の如く野獣ではない。必ずや飼主であった人々のもたらした文化文明と共に総合性を持ち海を渡って来たのである。奥羽両国の犬を除く日本犬は、現代日本犬の殆どが北京犬・狆・珍島犬などと通じるG型犬である如く、G型犬だったのであろう。それは新羅や百済の地に当たるところからの影響を濃厚に受けていたであろう。だがそこに南の海みちからの関係を持つ犬がいたように、史書が粛慎や靺鞨と記している北方から、さらに渤海時代をも通じて、北の海みちからの関係を持つ犬が北方日本にいたということは、むしろ常識的である。そしてそれは古代をまつまでもなく、弥生時代であろうと、さらには縄文時代であろうと、あり得た状況である。むしろ統一国家体制というものの確立していない時代の社会の方が、抵抗なく渡来し得たのではないかと考えられる。

要する東北日本には、飼育動物の上でも長い間の北方からの交流が続いていたのである。独犴皮の語はそれを象徴的に示していると認められる。続いているということは、刺戟を更新し続け、時代の進展に伴って、新しい刺戟を改め加え、さらにまたも改め加えるという歴史の歩みが、絶えることなく続いていたということである。この刺戟の継続が古代東北に対する海みちの史的意義や東北自体の性格を特徴づけることに大きく作用していることを確認しておくべきである。それは北の海みちと東北だけの関係ではなく、西の海みちと西日本の間にもあり、それが環日本海形態を作ったのであり、南の海みちと南日本の間においても刺戟継続は存在しているのである。総括していえば、このような国際的刺戟は、全日本そのものと全海みちとの関係として存在したのである。それは確認し強調するに値することである。北の海みちで来た独犴が珍重されながら決して沢山はいなかったらしいことは、あの東北の奈良平安の馬が少数の名馬を産出していたことと通じるところがある。

東北の馬

しからばその馬はどうであろうか。犬に関する史料は、毛皮についてなどはそれ以後顕著ではない。わずかに天徳五年（応和元・九六一）正月十七日に、陸奥から進める鷹と犬を侍所に召覧した旨の『村上天皇御記』の記事や、天元元年（九七八）四月二十四日に出羽国から進められた鷹と犬を翌日御覧になったという『小右記』の記事を『花鳥余情』なる文献に引用されているものや、猟犬か愛玩犬として東北の犬が京洛の需《もと》めるものであったことを示す史料が伝わっている。

だが馬に関しては交易馬や貢馬としてのことなら連綿と続く。延暦六年正月二十一日「応に陸奥按察使王臣百姓夷俘と交関を禁断すべきの事」という太政官符がある。そこでは「王臣及び国司等争って狄馬及び俘の奴婢を買う」といい、「弘羊の徒は苟《いやしく》も利潤を貪り良を略し馬を窃む」と指摘している。奴婢の件は措くとして王臣・国司層が争って「狄馬」を買うといい、だから弘羊の徒と表現される利潤を細かく計算する輩は売るために馬を窃盗するという点が注目すべきところである。狄馬の語が特に出羽側の「北」性を表現する意図があるものかどうかは定かでないが、東北の馬が高く評価されていたことがわかる。弘仁六年三月二十日の太政官符で中納言右近衛大将従三位陸奥出羽按察使臣《こ》勢野足《せのたり》が「軍団の用は馬より先なるは無し。而るに権貴の使、豪富の民、互に相往来し、捜求絶ゆる無し。遂ぐれば則ち託して吏民を煩わし、犯して吏獠に強《し》う。国内の不粛は大略之に由れり。唯に馬直踊貴するのみに非ずして、兼ねて復た兵馬得難し」という奏状を出していた。関連して貞観三年三月二十五日右大臣藤原園人《そのひと》の宣したところでもこの奏状の趣旨を継承していて「強壮の馬の軍用に充つるに堪うるものは、国堺を出だすこと勿るべし。若し此の例に違わば罪は先符によりて、物は則ち没官せよ。但し駄馬は禁ずるの限に在らず」としている。

　ここでは「軍用に堪うるものは牝牡を論せず皆咸禁断し、以て警固に備えん」と言っている。奥羽に勤務する官人や権門が東北の馬を求めて利を得ようとしていたのは、やはり価値ある馬が東北に特別にいたことを意味する。それは南西日本の馬とは相当に異なる馬がいた可能性を思わしめる。

　また『延喜式』の「主税式」にも興味ある内容がある。それは駅馬の価格である。そこでいう、伊賀・志摩・近江・飛驒・若狭・丹波・丹後・但馬・因幡・伯耆・備前・備中・備後・阿波一四か国の一つの標準価格集団と、甲斐・相模・武蔵・安房・上総・下総・上野・越前・加賀・能登・越中・越後・筑前・筑後・豊前・豊後・肥前・肥後一八か国のもう一つの標準価格集団とを、陸奥・出羽などの状況を比較すると上の表の如

直稲(束)／段階／国名	上馬	中馬	下馬
畿内	二五〇〇	二〇〇〇	一五〇〇
標準Ⅰ	三〇〇〇	二五〇〇	二〇〇〇
標準Ⅱ	四〇〇〇	三五〇〇	三〇〇〇
日向	四〇〇〇	三〇〇〇	二〇〇〇
佐渡	二〇〇〇	一五〇〇	一二〇〇
壱岐	一〇〇〇	一〇〇〇	一〇〇〇
陸奥	六〇〇〇	五〇〇〇	三〇〇〇
出羽	五〇〇〇	四〇〇〇	三〇〇〇

くになる。

これを見ると陸奥・出羽二国の駅馬の価格が最も高い。その高低を決する理由や条件はいろいろ考えることができるが、高い価格に値する馬がいたこともその理由や条件たり得るであろう。

応和四年（康保元・九六四）臨時交易馬を陸奥国から進めさせたことが『西宮記《さいきゅうき》』や『北山抄《ほくざんしょう》』にあり、また編集物ながら信じ得ると考えられる史料の『樗嚢抄《ちよのうしょう》』には、貞元元年（九七六）に三三疋の交易馬が陸奥守から進められたと記されている。『小右記《しょうゆうき》』によれば、永観三年（寛和元・九八五）に陸奥守が四疋貢馬したのに、上野国において強盗に襲われて二疋が殺され一疋が盗まれて、一疋だけが届き、四月二十四日にその御覧があったという。国守が交易馬としてではなく、尊王心の発露か猟官運動かは別として、交易馬の形ではなく貢進したものと考えられる。四疋という頭数は天平の頃に等しい。そして上野で盗まれるということも、東北の馬が坂東の馬とは異なる優秀性があったことを示しているといえよう。少し細部を穿ちすぎるかもしれないが、もしかしたら夷地で略されたと弁明した渤海使の船のように、坂東豪族としめし合わせた陸奥国の下級役人の送馬係がいたのかもしれない。

永祚二年（正暦元・九九〇）にも陸奥守が「御馬十疋」を交易貢進したことが、『本朝世紀《ほんちょうせいき》』に見える。これは二年前の官符の命令に遵い行ったものだというから、公費では数頭ということはなかったらしい。同書や『御堂関白記《みどうかんぱくき》』によると、長保元年（九九九）にも陸奥から交易馬二〇疋が進められ、やはり天皇御覧があったし、同じ年に、出羽守からは二疋が送られたと権大納言藤原行成の『権《ごん》記《き》』にあり、越後守からは陸奥の馬三疋が献じられたと『御堂関白記』にある。出羽守は自国産の馬を献じたのであろうが、越後守はわざわざ自国の産でない陸奥の馬を献じたのである。東北の馬の持つ意味がわかる。

一一世紀になり、寛弘元年（一〇〇四）になると陸奥守が四疋を奉り、出羽守が一〇疋を献じ、前鎮守将軍が三疋を献じたことが『御堂関白記』に見える。もちろん日記の主道長に対してであるが、出羽守からの一〇疋は四疋を自分のものとして飼育担当者に預けた残りは、仁和寺に一疋、頭中将に一疋などという形で贈呈されたり分与されたりしている。京都貴族社会が東北の馬にどのような希求をいだいていたかが察せられる。また同記には同年十二月になってから、陸奥交易馬二〇疋が月華門から入ったことも記録されている。

寛弘五年（一〇〇八）に前将軍が馬五疋を献じたことが『御堂関白記』にあり、陸奥国交易馬二〇疋の天皇御覧があったことも『権記』にある。また同七年十一月二十八日に陸奥守が早朝に馬二〇疋を献じ、その中から若宮・左衛門督・権中将に各二疋ずつ分配されたことも『御堂関白記』にある。頭数は多いが交易馬とは特記されていない。同記には、長和元年（一〇一二）に陸奥守の貢馬二疋を東宮の宿所で見たことや、自分も陸奥守に命じて二疋を奉らせたこと、将軍も二疋と鵰の羽を献じたこと、それを持参したとは書いていないが同日内裏と皇太后に参り夜になってから退出したこと、翌日出羽守も六疋献じたことなどが書いてある。鵰はクマタカであるからまさしく北方の猛禽である。
翌長和二年（一〇一三）にも陸奥守が五疋を献じ、同四年には前陸奥守が母馬二〇疋を献じ、将軍は一〇疋を献じ、秋田城介が二疋を献じたこと、同五年陸奥守が一〇疋を、鎮守将軍が五疋を献じたこと、寛仁元年（一〇一七）前陸奥守が二疋を、出羽守が一〇疋を、陸奥守が四疋を献じたことも『御堂関白記』に記録されている。いかに道長が馬に関心が深かったかも知られるが、貢馬の多さにも驚かされる。だからもしこういう記録を続けている権力者が他にも何人も存在し、それが史料として残っているとするならば、我々は相当量の奥羽の名馬の存在を確認することができたであろう。もちろん、権力者が皆、彼ほど馬に心を寄せていたか否かは別であるが、似たような形の貢馬・贈馬・献馬はあったものであろう。

この推量が成り立つのは、やはり同じ時代の長和三年（一〇一四）二月七日に、鎮守将軍が奥州から参上し、左大臣道長に馬二〇疋を貢上したことが『小右記』にあり、一二疋に鞍を置き、二疋には置かず、八疋は家の子たちにという区分になっていたことが記されているからである。参考までにいえば、故籙・鷲羽・沙（砂）金・絹・綿布なども貢ぐべく、沢山の物を運んで大臣の邸に赴いたのである。巨万の人々がこれを見るため道路に出ていたということを聞いて、当時大納言で、後年小野宮右府と呼ばれ九〇歳までの長寿を保った藤原実資が「件の将軍平維良は、初め追捕の官符を蒙った人物なのに、幾ばくも経ずして重ねて栄爵に関わってまた将軍に任ぜられ、その任符に預るため身に数万物を随えての上洛である。財貨の力で栄誉を得たのだ。外官になり良からぬ輩が濫りに財宝を貯えることがいよいよ増えている。官爵を買うことを企図しての計略であろうが、悲しい時代だ。悲しい時代だ」と悲憤やるかたなく『小右記』のその条に記述している。北方の馬が珍重されていた模様がよくわかる。

また同記には寛仁元年（一〇一七）に陸奥交易馬御覧のことがあったと十二月に記している。五日条では二〇疋御覧とあり、六日にはその中の八疋と思われる交易馬八疋を、早朝に自身見たことを記している。実資は翌二年五月にも陸奥交易馬のことを記している。それによると為政・忠兼・延利などという馬寮の允に分かち管轄させていたことがわかる。『養老令』では左右馬寮ともに大允・少允各一員で判官は四人であるが、この三名の実名の限りではその範囲内であるけれども、現実にはもう少し員数は増えていたものかもしれない。馬の分散について摂政藤原頼通がそれを取返すように命じたところ、忠兼はそれを承知していながら美濃国に下ってしまったので、使を遣して取返したとか、為政は返したが、摂政が元のように「労飼」して十日間肥満させて奉るように命じたとかという状況が記されている。同じく十月条には、右馬頭が来て御馬二疋が足らないといってやりくりする話や、皆が交易馬の名を借りて貢馬をしている様子や、天皇の行幸料には「穏馬」をもって宛てるべきであるとしていることなど、種々興味のある話題が記されている。実資も奥羽馬に関心のある公卿だったのである。

翌三年『小右記』七月二十五日条には府生の保重なる者が、「粛慎羽故籙六具」を持ってきて、それを府生の保方なる者に「楽所」によって申給わった旨を記している。馬だけではない北方の物についての言及である。故籙とは和名「やなぐい」であり弓矢の背負い兵具である。戦闘用矢筒とでもいうことになろう。通常には胡籙と書かれ辞典にも筒形平形の存在を記している。先の維良将軍の長和三年における左大臣道長への貢上物の中にもあったが、ここでは明確に粛慎羽故籙とあるので特に注目してみた。もちろん「故」は「胡」に通用しているのであろう。胡字だけでも北方性は十分に表されているが粛慎と冠するに至ってはまずこれも陸奥・出羽経由の北方文物である。この年六三歳の実資は右大将であったから、府生というのは、右近衛府の所属府生の意であろう。楽所を朝廷内の楽に関わる場所とも見うるので、一応そこで保方に給わったと解して置いたが、実は「楽う《ねが》所に依って」の意なのかもしれない。

治安三年（一〇二三）十一月十四日には節会儀式に関する『小右記』の記載に「近江俘囚見参有り。是れ例也」という明記もある。近江に移され年経たとしても俘囚に北方奥羽の関わりがあることは、特に指摘するまでもない。なお同記にはその前年に件の前将軍維良が死去したことも記録していたが、一一世紀になっても、日本王朝国家は鎮守将軍とも俘囚とも縁を切って存在することはなかったのである。

万寿二年（一〇二五）にも陸奥守孝義から貢馬があったことを同記は記している。「馬二疋志なり」

とあり、「鴇毛と栗毛の駮」と説明している。鴇はトキ、駮は斑である。それを記すのは十月二十八日条であるが、翌二十九日になると陸奥守は道長・頼通・右大臣である本人・教通の四箇所に貢馬していることがわかった。後に聞くと権大納言（行成）にも馬二疋の志があったことがわかった。「代下すべき也。国々の司、禅閤の家の子らに皆志なり。而るに孝義は然らず、案ずる所有る歟」と記している。長元元年（一〇二八）その陸奥守が砂金を奥州から貢上する定文に関わって、前任者までの未納分は後司として済ますべきであるなどという事件に巻き込まれていたことも記録されている。その陸奥守が任終わって上洛し粒の太く大きい砂金一〇両を志に持参した。それに鷲尾も付加してあったうえに、もし必要ならもう一〇両も進めることができると言ったと記す。さらに後任の陸奥守は、砂金を代りの種類の物で進済したいと申出た。以前絹一疋で砂金一両としたが、今度は絹二疋で砂金一両とするというものである。「現金を進めるべき貢納だが進納は難しいかもしれない」という実資の見解も書き添えられている。物語や伝承に言われるように平安陸奥の産金が潤沢だったものとは考えられないが、馬も金も羽も胡籙も東北の物が重んじられていたことは『小右記』でもよくわかる。

また『左経記《さけいき》』にも万寿三年十一月に陸奥交易馬が二〇疋入京したとあり、『日本紀略』にも天皇が出御して交易馬の御覧があったと記される。翌年十二月将軍から二疋の貢馬を受けたことが『小右記』にあり、実資らしくその二疋が鹿毛と鼡毛であったことも記しており、長元五年（一〇三二）出羽守が夜になって密かに陸奥紙や漆などを進めてきたことも記録している。『左経記』には長元七年

（一〇三四）陸奥守から貢馬一〇疋があり、南庭において覧たことが記される。御覧の意であろう。『江家次第《ごうけしだい》』に陸奥交易御馬の御覧があり、それは長暦三年（一〇三九）閏十二月二十五日だったとあるが、『樗嚢抄』によると閏とはない。三〇疋で出御は南殿だとある。

そして、『北山抄』裏書には「信濃の御馬を除いて、近代御馬御覧の儀は絶えて行われないが、唯陸奥御馬だけは御覧がある。近時の例では、信濃の御馬と雖も出御はない」とあり、東北にある段階から名馬が現われるまで名馬の産地であった信濃の馬の御覧さえ廃れても、なお陸奥の馬というものが朝廷の行事においても特別扱いであったほど、珍重されていたことがわかる。同抄には、鎮守軍曹と弩師については兵部に宣旨を下すとか、出羽の城介の秋田城務の事については、介の件は官符を、城務の件は牒を下すとかなど、東北に関する公事手続のことも種々扱われている。

王朝時代において東北に関心が深かったからこそいわゆる十二年合戦もあったわけであるが、その前九年の合戦の済んだばかりの康平七年（一〇六四）に、すでに伊予守であった前陸奥守源頼義が陸奥交易御馬をその責任において進め南殿への出御御覧も行われた。それは『樗嚢抄』の集録するところであるが、実に同抄に見える永承四年（一〇四九）の冬に三〇疋が進められ南殿出御があって以来のことになる。実際に戦乱中には交易馬のことは行われなかったのかもしれない。永承四年は藤原登任が陸奥守として奥六郡司・俘囚長安倍頼良と衝突して鬼切部合戦となる二年前に当たるから、国守登任段階で行われた陸奥交易馬の最後の件であったものと考えられる。

康平から治暦に年号が変わって二年（一〇六六）にも陸奥交易馬御覧のあったことが、『江家次第』にある。同書には延久元年（一〇六九）と承保二年（一〇七五）にもそれがあったことを記録している。翌年にも右馬允橘頼資が陸奥交易馬使を務めたことが『樗嚢抄』にあり、入京が二月六日で、翌日東馬台で府生以下に調教させ南殿に出御御覧があったとも記録される。『水左記《すいさき》』によって馬の数は三〇疋であったことがわかる。

応徳二年（一〇八五）にも、右近衛府生下毛野重季《しもつけののしげすえ》が陸奥国交易馬三〇疋を十二月四日に持参したことが『為房卿記』に記されている。先の頼資やこの度の重季などによって、交易使がどのくらいの官人であるかがわかる。二人とも中央官庁の官人であるが、下毛野氏という本来坂東豪族に由来する武官がこの役に任ぜられていることも興味を惹く。

平泉の貢馬

前九年・後三年の合戦時代を経過して、いよいよ平泉藤原氏の東北覇者時代になっても、東北の馬の価値は高かった。寛治五年（一〇九一）、すなわち金沢柵が陥ちてから四年ぐらいの段階であるが、京極関白藤原師実に早くも藤原氏から貢馬があったことが、後に「後二条関白」と呼ばれ好学の名高い師通の『後二条師通記《ごにじょうもろみちき》』に「関白殿御使也。清衡陸奥住人也。馬二疋進上の由仰せらるる也。承り畢りて、文筥開き見る処、二通の解文・中文等筥に入れり」とある。父関白に初めて清衡が貢馬した際の記録とはいえ、清衡に「陸奥の住人なり」と注記しているところが面白い。

寛治七年にも二月二十日に陸奥交易馬御覧が堀河天皇によって行われたことが『江家次第』にあり、嘉保三年（永長元・一〇九六）陸奥御馬交易使として右近衛将曹下毛野近末《ちかすえ》が派遣されたことが『後二条師通記』などに見える。翌年交易馬の「密々御覧」があったことも藤原師時の『長秋記《ちょうしゅうき》』に見える。そして『江家次第』には相当詳しい「陸奥交易御馬を御覧の事」という史料があり、後一条天皇の寛仁元年（一〇一七）から後冷泉天皇の治暦二年（一〇六六）の年次が書かれており、嘉承元年（一一〇六）になっても交易馬御覧のあったことが『中右記《ちゅうゆうき》』などに見える。

康和四年（一一〇二）に陸奥守が四疋、外に刑部丞が二疋馬を送ったことが『殿暦《でんりゃく》』に見え、偶然であろうが同じ日に長門からは牛が六頭もたらされたことも同じ条の中にあり、南牛北馬が如実に物語られている。同じ『殿暦』長治元年（一一〇四）七月条には「今夜陸奥男清衡馬二疋を志也」と十六日に記し、翌日「昨日の陸奥馬今日能く見る也」と記している。筆者の藤原忠実は、この年右大臣で二七歳の若さであったが、二二歳権大納言の時に父関白師通が三八歳で薨ずると、翌年七月に右大臣になった権門である。もちろん彼は祖父師実に子として養われ、その祖父は従一位前太政大臣として五九歳であり、厳然として散位の公卿だったから、清衡が十数年前に師実に始めて馬を贈った事実は知っていたに違いない。なのに軽く「陸奥男清衡……志なり」と書かれるところに、馬は評価するがまだ平泉は評価するまでに至っていない藤原摂関家の貴紳の心情が窺える。同書には天仁二年（一一〇九）にも陸奥の荘園から馬二疋が届いたという記事があり、権門が持つ東北の荘園と馬の関係を示している。

平泉からの献馬も続いた。天永二年（一一一一）三四歳の忠実は摂政右大臣であるが、十月末『殿暦』に「陸奥住人清衡馬三疋を献ず。一疋中納言料。件の三疋上馬也。仍って内厩に引入れ見る」と書き、十一月初にも「陸奥清衡献ずる所の馬三疋、前に立ちて見る」と満足げに記している。中納言とは時に従二位権中納言であった長子忠通のことであろう。まだ一五歳だったが、翌年には正二位に昇る。同書には十一月二十八日にも「余、厩舎人菊友、去る七月ころ陸奥に遣す。而して夜前入京し馬九疋将来せり。西面《せいめん》に於いて見る」とあり、翌三年にも「陸奥の清衡馬六疋献ず」とある。陸奥男とか陸奥住人とかから少し表現が変化を見せているのも興味がある。もちろんそれは馬だけの効果ではないであろう。さらに永久元年（一一一三）秋の陸奥守からの貢馬について、「馬十疋将来、余見て十疋止め了んぬ」と書いている。彼ら高官の名馬への強い関心は、当時の「競馬」についての意欲によるものでもあったのであろう。

保安元年（一一二〇）『中右記』には筆者の藤原宗忠が衝撃的な事件を記録している。清衡が先年、金や檀紙と共に馬を関白に進送しようとしていたのを、小泉庄という荘園の定使であった「兼元丸《かねもとまる》」という者が盗み取っていて、それがこの年六月に検非違使などに搦め取られたというのである。清衡の貢進が常なるものであることが知られる。この年十二月には「陸奥交易御馬御覧」が行われたことも同記にあり、『長秋記』の長承元年（一一三二）五月条には「御馬御覧あり、陸奥貢馬二十疋」とある。『台記《たいき》』の仁平三年（一一五三）九月十四日条に、藤原頼長は父忠実からの伝領たる陸奥の高《たか》鞍《くら》・本良《もとよし》、出羽の大曽禰《おおそね》・屋代《やしろ》・遊佐《ゆさ》の五荘について、庄官たる平泉の藤原基衡と年貢進納額の対立を生じた際の年貢品物の中には、本来各荘の貢納には二疋・二疋・二疋・二疋・一疋という数の馬があり、仁平三年の妥協案では三疋・二疋・三疋・三疋・一疋となったことが記されている。そして次の秀衡の代になっても、文治二年（一一八六）陸奥守だった彼が貢馬三疋を進めていることが『吾妻鏡』にある。

さらにそれは平泉末期の藤原泰衡の代になっても、金・桑・糸と共に貢馬を京に進めていたことが、『吾妻鏡』の文治四年（一一八八）六月十一日条に記されている。

要するにいろいろな形で平安時代末まで東北の馬が京洛において求められ評価されていたことがわかるのである。東北の馬の評価が高かったのは、それとの対比において畿内など西日本の馬が劣っていたことを示すものであろう。同時に東北の馬も日本全国的規模や視野において評価されるもので、もし東北の中に閉塞してのことなら名馬も限定的な存在で、それなりの評価しか受けられなかったに違いない。この面でも日本の外に古代東北はなく、また東北を除外した古代日本もなかったことがわかる。その東北に北の海みちの通じていたことは平安末期であっても基本的に変化はなかった。

九　北への指向

胡国行説話

平安末までも北の海みちが通じていたとするのは、馬や胡籙や鷲羽や砂金の北方性を、奥羽が京洛に対して保ち続けるのが、単なる遺制の持続だけとは考えられないからである。北方性の再生産というか更新というかのために最も適切にして必要な条件は、北の海みちによる刺戟の更新である。実は、刀伊の来寇などのように西からのことは史実もあるが、北の海みちからのことは明確な史料はないのである。だが証拠には状況証拠というものもあり、それが時としてきわめて有力かつ正確な証拠である場合もある。この場合はまさしくそれに当たると考えられる。というのは東北の馬は、奈良朝に始まり二世紀間だけの種馬の渡来だけでは、渤海滅亡以後平安末までの三〇〇年もの間を、信濃の牧の馬が担ってきた伝統をも超えて、卓越した優秀性を保持することはできなかったはずである。もう粛慎でも渤海でもないにしても、胡籙や胡馬の称に表れている胡国との交流はあったに違いない。

胡国から犬や馬を伴った人々が来航しただけではない。当然日本から北方にも渡海することが行われている。それは養老の諸鞍男らの市場視察とでもいうべき旅の形だけではない。北の海みちによる来住者がいたとすれば、往住者もいたことは当然であるが史料は一般的には多くは伝わらない。だが東北豪族についての史料は物語的ながら伝わっている。

まず前九年の合戦で有名な安倍氏の件である。『宇治拾遺物語』にもあるが『今昔物語集』の方が成立が早いのでそれに従う。

今は昔、陸奥国に安倍頼時《あべのよりとき》と云う兵《つわもの》ありけり。其の国の奥に夷と云う者ありて……頼時其の夷と同心の聞えありて、頼義の朝臣責めんとしける程に、……頼時が云わく「古より今に至るまで、公の責を蒙れる者、……敢て遁るべき方なし。……此にて徒に命を亡さんよりは、我を去り難く思わん人の限を相具して、彼に渡り住みなん」と云いて、先ず大きなる船一つを調《ととの》えて、其れに乗りて行きける人々は、頼時を始めて、子の厨河《くりやがわ》二郎貞任《さだとう》・鳥海《とりうみ》三郎宗任《むねとう》、その外の子共、亦親しく仕いける郎等二十人許《ばかり》なり。……其の見渡さるる地に行着にける。

然れども遥に高き巌の岸にて、上は滋《しげ》き山にて有ければ、登るべき様も无《な》かりければ……大きなる河の湊を見付けて、其の湊に差入りけり。……卅日差上りにけり。其の時に、……胡国の人を絵に書きたる姿したる者の様に、赤き物の□て頭を結たる、一騎打出て、船の人此れを見て、「此は何なる者ぞ」と思いて見る程に、其の胡人《こじん》打ち次ぎ、員も知らず出で来にけり。……聞きも知らぬ言共なれば、何事を云うとも聞こえず。……千騎許《ばかり》は有らんとぞ見えける。歩《かち》なる者共をば、馬に乗たる者共の喬《そば》に引き付け引き付けつつぞ渡りける。皆渡り畢りて後……恐る〳〵ぞ差し出でて和ら差寄せて見けるに、其も、底も知らず同様に深かりければ、……馬の筏《いかだ》と云う事をして、馬を游《およ》がして渡りける也けり。……其より差下りて、海を渡って本国に返りにける。其の後幾《いくばく》の程も経ずして、頼時は死にけり。

然れば胡国と云う所は唐よりも遥の北と聞きつるに「陸奥国の奥に有る夷の地に差合ひたるにや有らん」と、彼の頼時が子の宗任法師とて筑紫に有る者の語りけるを聞き継ぎて此く語り伝えたるとや。


原文中から解釈叙述の文章部分を略して引用したその伝えであるが、趣旨ははっきりしている。唐よりも遥か北という胡国が、陸奥よりも奥にある夷の地である北海道に対し、そこに差し合った地となれば、樺太とか沿海州東部とかという処まで領域は及んでいたということになる。あたかも渤海国などと同じような範囲を想定しているわけであろう。安倍氏が逃げるなら北にというのが、宗任という存在を媒体にして形成する、平安時代都人士の認識だったことになる。

それは、安倍氏段階だけではなく、清原氏段階でも見ることができる。いわゆる後三年の役が金《かね》沢《ざわのさく》柵落城で終わった時、先にも見たように北方系の名馬の血を享けると考えられる愛馬で、奥羽第一の馬とうたわれた「花柑子《はなこうじ》」号を、敵に渡したくなく、また別の飼主の許で苦しめたくないと考えたのであろうか、清原氏の当主家衡《いえひら》は、自らの手で射殺したのである。そして思い残すことがないという心境になると、卑しげな下郎に姿を変えて間道を北に向かったが、現地の地理に詳しい敵側の兵の待伏せで殺されてしまう。結局北への逃走路を家衡側ではなく清衡側に付いた東北の武士も熟知していたことで、北方の国外に通ずる海みちは、住民の常識となっていたことがわかる。それにしても最終段階の金沢柵の前に、清原家衡勢が本拠とした沼柵《ぬまのさく》を囲んだ源義家軍が、飢のために自分たちの軍馬を食料としたのとは全く逆のことである。

自分の名誉と同じように愛馬の名誉を守ろうとした東北武将は、自分の生命が危いという一刻を争う時でさえその処理をしたのに対し、源氏の棟梁たる名将の義家の部下の兵士が自分の馬を食べたのとは雲泥の差である。背に腹は替えられぬの譬があるとしても解せないことである。一つの解釈は、あまりにも即物的ではあるが、馬の価値の差によるのではないかということである。義家軍の馬は子孫の義経《よしつね》軍の鵯越《ひよどりごえ》の坂おとしで背負ったとまで伝えられる程度の日本在来種の小型馬で、どこの牧場からも補給できる程度のものであったが、花柑子は奈良朝以来朝廷や公卿の珍重した馬と同じで、北方性を享けたところの少数精英種であったのであろうという考え方なら、矛盾なく理解できる。この馬の話が記されるのは『奥州後三年記《おうしゅうごさんねんき》』と『康富記《やすとみき》』である。両記は『今昔物語』と同列でないにしても歴史文学である。それだけで胡国論や北方論を導くことは危険である。だがそれだけで言っているわけではない。秋田県北部大館市の上野《うわの》遺跡からは一一世紀の擦文土器と土師器とが一緒に出土している。擦文土器文化が北海道の文化であることは指摘するまでもない。破片なら秋田城跡からも出土している。北との交流を明白に物語っている。

平泉と北方

安倍氏と清原氏の流れを汲み、むしろ血統的にも安倍・清原を先行豪族とする平泉藤原氏に関って伝わる史料の中にも、北方との関係は明白に語られているのである。それを逆に辿るとき、先の物語の所伝がこころの面からも全く荒唐無稽なものだなどとは、考えられないのである。「敬白、建立供養し奉る鎮護国家大伽藍《がらん》一区の事」という一般に「中尊寺供養願文《ちゆうそんじくようがんもん》」と呼ぶ文書が伝わる。そこには「弟子」すなわち藤原清衡が、

弟子、苟《いやし》くも祖考《そこう》の余業に資《よ》り、謬《あやま》って俘囚の上頭に居る。出羽陸奥の土俗は風に従う草の如く、粛慎挹婁《ゆうろう》の海蛮は陽に向う葵《ひまわり》に類す。

と述べている。粛慎や挹婁がどこを指すのかは常識でもわかる。供養願文は端書《はしがき》や奥書《おくがき》によると、作者は当時の名儒右京大夫藤原敦光《あつみつ》であり、筆を執ったのはやはり時代の名筆右中弁藤原朝隆《あさたか》であり、平泉藤原氏が勝手に作ったものでは決してない。だから海外の北方人が清衡の代に陸奥に来航し交易に来ていたことは京洛の政権も文化界も承認していたのである。しかもそれは文中に言うように「祖考の余業」によって藤原氏の勢力はあったのである。その北方との関係も祖考の代からの継受と見る

べきであろう。

さらに確実度の高い史料に『吾妻鏡』の一節がある。それは文治五年（一一八九）九月三日条の文言である。先の中尊寺の願文は、文書日付の如く天治三年（大治元・一一二六）ではないにしろ一二世紀前葉のことであるが、これはまさに一三世紀に移ろうとする時期のことである。その条文には平泉四代に及ぶ東北の覇者が、滅亡する際に、北方に逃れようとした記録がある。中世を迎えた時代になっても、北への指向はなくなってはいなかったのである。そしてこの実録からは、物語性の豊かな安倍氏や清原氏の北方指向も、現実的で実際にあり得て不思議はないことを類推させる。むしろその妥当性を認識することができるのである。

平泉藤原氏四代の泰衡は、源頼朝の坂東軍に敗北し北方に逃れようとしたのである。その『吾妻鏡』文治五年九月三日条に「夷狄嶋を差して、糟部《ぬかぶ》郡に赴き」「肥内《ひない》郡贄冊に到った」ことと、そこで河田次郎に殺されたことが記されているが、その翌日条の記述によると頼朝軍は「二十八万四千騎」だといい、一方さらに三日後の条によると東北平泉側の軍は「十七万騎」だという。二八万四〇〇〇騎には「但し諸人の郎従等も加うるなり」とあるから、歩騎合算の兵力計算なのであろうし、当然一七万騎もそのような計算の数であろう。

だが一世紀の間東北の覇者であったはずの平泉藤原氏が、一〇万余の差しかない兵力を持っていて、地の利を得ている東北在地においての戦いであったのに、八月七日伊達郡阿津賀志山《あつがしやま》辺国見《くにみ》駅に着いた頼朝の派遣した畠山重忠《はたけやましげただ》らを、金剛別当秀綱《こんごうべっとうひでつな》軍が迎撃した八月八日から十数日しか支え得ず、同月二十二日夕刻には火を蒙って家屋は烟と化し、主人の泰衡は逃亡した平泉に、頼朝は到着しているのである。

一体数万の征夷軍を迎えながら数百とか数千とかの兵力で勝ち抜き、「一以て千に当たる」（天応元年紀・貞観十一年紀）、「平民の数十も其の一に敵せず」（承和四年太政官符所引陸奥国解）と中央軍から怖れられてきた東北軍の力はどこにいったのであろうか、理解に苦しむ。一〇世紀に入ってからも『藤原保則伝《やすのりでん》』の中で三善清行《みよしきよゆき》は俘囚軍の強さを「一以て百に当たる」と表現しているし、現に平泉の先輩勢力でありかつ先祖性をも持っている安倍・清原氏勢力においても、源氏を大将とする政府軍を全く問題にしなかったのである。一部では俘囚国家などといわれた両勢力ではあるが、私見では辺境における荘園制を秘めているように見える、郡司とか俘囚長とかという王朝国家の地方機関の首脳として生長してきた勢力にすぎなかった安倍・清原の勢力であった。それでも国軍を問題にしなかったのである。後に言及するように安倍を倒したのは源氏ではなく清原の軍勢であり、清原家衡を倒したのも源氏単独の力ではなく全く清原清衡・吉彦秀武の軍とその策略であった。

それなのに、平泉四代の勢力については、『平泉王国』などとさえ位置づける強力な学説まで存在しているほどなのに、そして清原清衡から藤原清衡に戻った平泉の始祖は、父系は俵藤太秀郷流とはいうものの、母は安倍頼時のむすめで、少年から青年の日々を清原武貞の養い御曹司として育った人物である。両大豪族の血と家風を享け、安倍・清原の持っていた総合力の流れを皆呑み込んでいると認められる平泉藤原氏である。その藤原氏が一応一七万騎もの大勢力を無疵で保持していながら二倍にも足らない外来軍を、大した激戦もしたわけでもなく、相手に何ほどの打撃も与えることもできずに、半月も持ちこたえられずにどうして惨敗してしまったのであろうか。古代北方兵乱史上一見これ以上の不可思議はない。

いうまでもない解釈の仕方はいろいろある。まず頼朝軍の統制がよくとれていたのに対し、東北軍の統括を平泉藤原氏が十分にできなかったという、支配体制の違いである。これは確かにあると考えられる。日の出の勢の鎌倉勢の団結状況と、極盛に達した秀衡の亡き後の斜陽期に入った平泉の東北支配力弱化状況とを比較する時、基本的に総合力が異なるという判断は可能であろう。

もう一段現実的な問題としては戦士としての経験的戦闘力の差がある。鎌倉勢は、木曽勢と平家勢とを次々に撃破した歴戦の戦術戦技を、つい先頃体験したばかりである。それに対し、清衡の崇仏平和主義とでもいうべき理念の実践を一世紀も続けてきた東北勢は、ほとんど組織的実戦の経験がない集団なのである。対等な戦いは初めから求めるのが無理だと考えられる。

だが安倍氏の段階も元から歴戦の軍隊で構成されていたわけではない。それなのに、永承六年（一〇五一）衣川《ころもがわ》の線を出て南下した安倍頼良《よりよし》勢を陸奥国守藤原登任《なりとう》の軍が押し戻そうとしたときに合戦が始まって以後、政府が文官国司では処理できないとして送り込んだ清和源氏の棟梁源頼義《よりよし》の国守兼鎮守府将軍の軍隊と対決しながらも、康平五年（一〇六二）まで「奥州十二年の役」と称されるほどの長期間、意気軒昂の戦いを続けるのである。その俘囚と称されるほどの東北現地性を帯びた安倍軍は、源氏の精鋭を中心とした政府軍に一歩も引けをとらなかったのである。そして結局は同じ東北豪族である隣国出羽の清原氏の大軍によって制圧されるのである。いわば安倍氏を強い軍隊に変えたのは中央軍の刺戟であり、その歴戦の日々によってこそ安倍軍の戦士は錬成されたのである。だからこそ一万といわれるような清原軍の大軍によってでなければ、本拠厨川柵まで追い詰めて火攻めにすることなどできなかったのである。

それから永保三年（一〇八三）に始まった後三年の合戦の際も、沼柵に籠った清原家衡の軍を、陸奥守源義家の軍は攻めあぐんで軍馬まで食う末期的症状の軍隊になり、冬将軍の寒さに屈服してしまうのである。そして金沢柵に戦場を移してからも、柵内にいる清原家衡軍を攻撃軍の義家・清衡軍は全く攻め抜くことはできなかったのである。寛治元年（一〇八七）十一月まで頑張っていたのに遂に落城したのは、清原一門の長老吉彦秀武の進言による兵糧攻めによってであった。清原軍は戦闘によって敗れたということではなかった。

それなのに泰衡軍は領域内で戦った上で簡単に撃ち破られたのである。中央軍に東北軍が本当に負けたのは平泉藤原氏の滅亡のときが初めてである。数年前に著者は平泉の軍事力について、平泉が王国などではないとするその政治体制についての論はすでに明らかにしたが、軍事的にも、その統率においても訓練においても極めて未熟で不完全なものであったことを確認しないわけには行かない。やはり平泉の勢力は異母兄弟だけの間が不仲なのではなく、各地豪族の間も割拠性があって、その上に緩やかな平泉の支配や統制が、或いは陸奥守として、或いは鎮守府将軍として、或いは出羽陸奥押領使としての、その時その時の職権に基く管轄によって加えられていたのであり、本当の意味での領有支配は、文治二年四月に頼朝がいみじくも喝破したように「奥六郡主」であったことによって発揮されたものに他ならない。従って二万集まろうと三万集まろうと、一つの統一性ある軍隊として一糸乱れぬ行動は出来にくかったのであろう。

ところがその奥六郡の本拠地圏内においてさえ、平泉軍が戦った気配はないのである。少なくとも史料には伝わらないのである。第一陣での戦があったのであるから、平泉が「無抵抗主義哲学」を実践してのことではあるまい。要するに弱く、泰衡にも逃げるという能しかなかったのである。しかも逃げ果《おう》すだけの能もなく河田次郎に討たれるのである。（『古代東北日本の謎』）

と述べたことがある。そしてその弱さは、文治五年八月八日の戦で、伊達郡阿津賀志山に陣した泰衡異母兄西木戸太郎国衡《くにひら》の軍の副将金剛別当秀綱の数千騎を畠山次郎重忠・小山《こやま》七郎朝光《ともみつ》らの軍が撃破し、有名な継信《つぎのぶ》・忠信《ただのぶ》の父佐藤庄司《しょうじ》以下を討ち取ったのに始まり、十日払暁の戦となり、宇都宮《うつのみや》左衛門尉朝綱《ともつな》の郎従など七人の奇襲で、国衡以下は謀を廻らす力を失って慌てふためき逃亡したのである。

泰衡の逃亡路

伝統的に俘軍の本領であったゲリラ的奇襲戦法をもう相手に盗まれていたのである。盗まれることは、源平合戦における義経軍の参加の状勢を勘案すれば不思議でもなく不自然でもない。だが自分の方でもその伝統を持ち続けるのが当然である。しかるに平泉軍は自分の本領を失ってひたすら逃げたのである。『吾妻鏡』によれば金剛別当の子供で一三歳の少年「下須房《しもすぼう》太郎秀方《ひでかた》」の勇戦しか鎌倉方の印象に残るものはなかった。この哀れな状態は「御家人に列せられんと欲す。然らずんば、死罪を減ぜられ、遠流に処せらるべし」と哀願する泰衡の姿に象徴されている。否、この泰衡の惨めな姿から平泉軍の弱さの総てが発しているのである。

単に一世紀間組織的実戦を体験することがなかったなどという物理的な時間の中における経験性だけによる弱さでは絶対にない。総大将以下の精神的心理的な面の弱さによることこそ根源的原因なのである。だから平泉一族の中では豪勇性を漂わせている国衡さえ、戦陣に屍をさらす本義を求めず卑怯にも逃げようとしたのである。この泰衡を頂点とする平泉一族の弱さは、泰衡の母が前民部少輔基《もと》成《なり》の女《むすめ》であるという京都亜流性にある。基成は康治二年（一一四三）陸奥守で鎮守府将軍、久安六年（一一五〇）陸奥守、仁平二年（一一五二）陸奥守であるという諸史料がある。この頃の在任だけではなく、陸奥に滞在居住したことがあると認められる。それが基成女《むすめ》が秀衡夫人となる直接因である。秀衡の母は京都人ではないが父基衡の母は京都人であったとする説もある。であるとすれば平泉四代の京都性は系譜的にも理解できるが、著者は昭和二十五年に中尊寺学術調査団の「清衡はじめ藤原四代の当主にはアイヌらしい面影がない」（『中尊寺と藤原四代』）という結論に接した時から、蝦夷とアイヌは同じではないし、またそう近くもないと考えてきた。ということは、古代に、古代日本人と蝦夷と古代アイヌとの三者が併存していたとしての前提に立つごとく、古代蝦夷語と見られる名詞について論及する立場があり、その中で地名にも注目され、これらの存在は「アイヌ語地名」と表記されているけれども、実はそういうには問題があって、「いわゆるアイヌ語地名」は、もしも古代以来のものであるとすれば、厳密には「蝦夷語地名」であるべきだとして、「蝦夷と呼ばれた人々が、皆アイヌ語族であるとは考えていない」（『古代東北日本の謎』）と述べ、「東北地方の『蝦夷・えみし』は、農耕を営み稲を栽培していたという事実によって、アイヌではなく、それとは別種に属する人びとであるということになる」（「蝦夷・えみし」『東アジアの古代文化』三号）と考えてきた。

近時も「藤原氏が中世の人でありながら、当時東日本に住んでいた人たちとも異っていたことを示す」といい、「元来東北土着の家ではなかったことを暗示している」「藤原氏の三人が現代の京都人にもっとも近く、時代の近い鎌倉人や近世のアイヌとは遠く、さらに居住地を共有する東北人とも異なっている」（埴原和郎「ミイラからみた藤原四代」ＮＨＫ『黄金の平泉藤原一族の時代』）という人類学の論説に接したが、形質人類学上そのようであることは、我々の理解と矛盾するところはない。

右に見た系譜的な文献史料と一致するからである。埴原説であったかと記憶する説で、秋田美人は京都の船方が北前船で航海し秋田にその血統を伝えたからだというのがあったように思うが、もし中世「三津七湊」といわれたような地点に皆京都男児の子孫がいるのでなければ、このまま理解はし難いし、ましてや内陸山城国の男性が船乗りになる可能性も甚だ乏しいと考えられ、多くの北前船の船乗りたちは、瀬戸内なり九州なり日本海沿岸なりの、海村・漁村出身者であろうから、秋田美人の由来と京都船乗りの関係はとにかくとして、平泉のみならず古代東北の政治・文化中心点となる諸地域に、京師から下向した官人や累系者が相当数いることは何ら不合理な史実ではなく、藤原氏が京都化した存在であったことは近年の考古学の成果でも顕著である。泰衡の弱さはそこにきわめて大きな原因があると考えざるを得ない。

鎌倉軍の急迫の中で国衡が逃走できたのは、『吾妻鏡』によると、影を隠した霧と逃亡足跡を消した露とに隔てられたからだ。そして奥州第一の駿馬の高楯黒《たかたてくろ》に乗っていたからだ。この場合も奥州には名馬がいたのである。ところが名馬も、出羽道を現在の宮城県柴田郡に当たる芝田郡大高宮《おおたかみや》の辺に至った時に、和田小太郎義盛の矢で肩（膊）を傷つけられた主人の国衡が、痛みに耐えかねて行動判断を適切にしなかったため、さしもの高楯黒の能力を十分に発揮できなかった。すなわち義盛の二の矢と、新たに彼と義盛の間に割って入った畠山重忠の大軍とを怖れた国衡が、道路を捨てて田圃道を逃れ通ろうとしたため、深田にはまってしまい、数度の鞭でも脱け出せず、主人の首は打たれてしまったのである。馬がどうなったかは『吾妻鏡』にも書いてはないが、家衡の花柑子とは違って、この高楯黒は敵将の所有に帰したのかもしれない。出羽道というのは近世以後頻用された七ヶ宿《しちかしゆく》街道も考えられなくはないが、それなら刈田郡から直接左折すればよく、柴田郡まで北上する必要がない。形勢上笹谷《ささや》街道であろう。

笹谷トンネルを通って笹谷と関沢を結ぶ東北自動車道山形道は、この古道を引き継いでいる。多賀城から名取郡経由奥羽国境峠越えで最上までの最短距離であるから、奈良朝以来按察使府から出羽国府に達する官道が通じていたものと認められ、戦国時代にも軍事的に重要な領境の峠道であった。近世になっても明暦二年（一六五六）に出羽金山峠を通る路順を改修し、七ヶ宿街道が用いられるまで参勤交替路であった。

出羽に抜けようとすることは日本海側に落ちて行くことになる。平泉は陸奥なのであるから方向は全く異なる。そして日本海側は泰衡の目指したところと全く一致する。刈田郡を北に通過し柴田郡の大高宮辺まで来たことは、その行く手が笹谷峠越えであることはわかるけれども、一刻を争うなら今の道筋で白石から宮そして四方峠から川崎へ直行する方が早い。それを現在の大河原町金ヶ瀬の方に抜けたのには、『吾妻鏡』も指標にしている大高宮に理由があったのであろう。大鷹宮とも書かれた近世史料があるように、鳥の信仰に関係のある式内社で承和九年（八四二）紀に従五位下を授けられた「大高山神」とある名神大社であった。現在地に遷ったのは大正時代だと聞いているが元は台ノ山という丘の上に鎮座していた。永万元年（一一六五）この神社は清衡仲介で神祇官に金を年貢として進めたといい、泉三郎忠衡寄進と伝えられる鉄灯籠も神社に伝わるなど平泉ときわめて関係が深い。平泉の大将として、国衡はこの神社で便宜を得ようとしたのかもしれない。神社北方には「馬取沼《まとり》」の地名が残り件の深田のあとだというし、社前の国衡の塚と伝えるものも安永の風土記などに記される。白鳥大明神ともいわれていて日本武尊信仰の縁起も伝える。それにしても敗死しても落ち損ねたといっても戦死した国衡は泰衡よりは救いがある。

泰衡は、数千の兵に囲まれたのにうまく脱出し、鼡の如く隠れ鶂《げき》のように退いて夷狄嶋を目指し糟部郡に赴いたと『吾妻鏡』文治五年九月三日条にある。地の利があるのだから囲みをかいくぐって抜け出すことは難なくできたであろう。だが糟部郡というと青森県の方になるのに、次に見るように彼は肥内郡に至っている。糟部から肥内に戻ったとは考え難い。初めから肥内経由日本海岸に出る心算だったのであろう。鼡はよくわかる。昼は隠れていたのであろう。鶂というのは鳥類に詳しくないのでよくわからないが、辞書では「鷺に似た水鳥」という。鷺というからには白いわけで、白鳥ではないにしても水鳥の渡鳥なのではあるまいか、「退くこと鶂に似たり」と原文にあるのは、北帰行の白鳥を連想させるに十分である。夷狄島というのが今の北海道島であることは疑う余地もないが、糟部から道東を目指したのではなく肥内から津軽方面に出て対馬海流に乗り日本海航路で北向しようとしたものに違いない。わざわざ北を意味する「狄」の字があるのも示唆的である。

しかし彼は、肥内郡贄柵《にえのさく》に至ったところで頼って行った河田次郎によって殺され願望を達することはできなかった。文治三年十月に父秀衡の跡目を継承してから二年にもならない短期の覇者泰衡であった。鎌倉方では河田が平泉の「数代の郎従」であるという位置づけをしている。だから「河田は忽ち年来の旧好を変じて、郎従らをして泰衡を相い囲んで梟首《きょうしゅ》した」と表現している。現在の大館市仁井田《にいだ》に遺地名を見る。元慶乱《がんぎょうのらん》（元慶二年・八七八勃発）の際には「火内」とも書かれた近世比内《ひない》郡は陸奥に緊密で、そこに柵があった豪族が平泉と深い関係にあったろうことは確かであろう。だがその旧好が数代の郎従であったのか否かは定かではない。出羽でも平泉と親密だったと見られる秋田地方の秋田三郎、由利《ゆり》地方の由利八郎、庄内地方の田河《たがわ》太郎などは皆、念珠ヶ関《ねずがせき》の辺で比企義員《ひきよしかず》と宇佐美実政《うさみさねまさ》とを将軍とした鎌倉軍と身を挺して戦っているからである。

河田自身は大して悪いことをしたとは思っていなかったようである。そう思うような立場になかったのであろう。「此の頸を頼朝公に献上する為に鞭を揚げて参向した」と九月六日に陣岡《じんがおか》に本陣を構えていた頼朝のもとにやって来る。意気揚々たる彼に主殺しの不倫を犯したなどという素振は見えないのである。だが甘い頼朝ではない。会いもせず頸は受け取り、平泉方で畠山重忠によって捕虜になっていた赤田次郎なる者の首実験が行われ、それで泰衡のそれに間違いないとなると、和田義盛に預けられ処理されるが、彼の処置は梶原景時《かじわらかげとき》に委せられて「汝の所為は一旦有功のようだが、泰衡はもう元来私の掌中にあったもので何の策略を講ずることもできない存在だった。汝に殺して貰うまでもなかった。とても賞など与え難い。主人殺しで罪八虐《はちぎやく》に当たる」という申渡しが与えられたうえで、斬殺される。

それにしても泰衡が頼ったという河田の勢力圏は米代川《よねしろ》流域であって、十三湊《とさみなと》などのある津軽には関わりがない。この川は現在の能代港が河口で、奈良朝に渤海使の来た野代湊であり、阿倍比羅夫の掌握した渟代の地に当たる。まさしく伝統の北の海みちを受ける港津の地である。常識論常道論でいえば泰衡が夷狄嶋に船出しようとしたのは能代だったのではないかということになろう。これは伝承的で決め手になるようなことではないが、米代川の下流域二ツ井町《ふたついまち》には、薄井《うすい》地内に鎧《よろい》神社が、切石《きりいし》聚楽に兜《かぶと》神社が鎮座する。共に祭神は藤原泰衡であり、彼が平泉で敗れて逃げる時、切石で兜を脱ぎ、薄井で鎧を脱ぎ、肥内に至って河田に殺されたということになっており、両神社はその兜と鎧とを神体としていると伝える。後世の人々も泰衡逃亡行と米代川の流れの舟運というものを妥当な関係として意識していた証である。ただ彼が河田に頼った際に甲冑を身に着けていなかったかどうかはわからない。むしろ着けていない方がおかしい。川を溯るのも平泉との地理関係からは尋常ではない。むしろ彼の敗死後に縁りの者が、能代港に出る道すがらその遺品を祀ったというような話の筋が本来なのであろうが、後世の賢者たとえば菅江真澄《すがえますみ》のような人が、『吾妻鏡』に糠部を指していたと記すことや、下北半島から渡海して北海道島に渡った経験などから、このような時間の前後関係を考え定めたものと見るべきなのかもしれない。

国衡が最期の段階で出羽道を意識していたのは、出羽の諸将が緒戦で崩れたことを知らなかったのだとすれば、それと連繋して勢力の樹て直しをしようとしたのだとも考えられるが、一方もしだめな時には一族北に落ちのびようとの、平泉首脳の最終的合意があり、その打ち合せに従って酒田とか秋田とか能代とかを目指したのではないかとも考えられる。十三湊には平泉の一門が在陣したともいわれている。夷狄嶋に向かっての最終船出の場所がそこ津軽であったとしても、中継的に騎馬と歩兵の鎌倉軍を振り切るために海に逃れる場合に身近な港を拠りどころとしても少しもおかしくない。何よりも、坂東軍に対して海上に出ようとする作戦は間違いではない。そして海路に就くとなればそれは南を指すようなことは万に一つもあり得ない。彼らはまず例外なしに北に向かおうとしたのである。

義経北行説話

広く知られた史話に源義経北行説話がある。『御曹子島渡り《おんぞうしわた》』の存在などから、「奥浄瑠璃《おくじようるり》」などの語りもので、中世に巷間に広まっていたものと認められるが、文治五年（一一八九）大河次郎兼任《かねとう》という八郎潟周辺に基盤を置く豪族が泰衡の仇を討つといって乱を起こしたことがあった。それに関連して初めは「左馬頭《さまのかみ》義仲嫡男朝日冠者《あさひかじや》」とか「伊予守《いよのかみ》義経」とかと号したという『吾妻鏡』の記事からして、義経生存説が当時からあったものと考えられる。実年代に直結する中世に義経生存説話が存在したとしても不思議はない。

近世になっても、寛文期に松前康広《まつまえやすひろ》がオキクルミという主神とシャマイクルという強い従者の話を、蝦夷地の義経伝説としてもたらすが、東北にも数々の伝説があり、著者が採訪した宮古《みやこ》の判官稲荷《ほうがんいなり》神社の縁起には、慶長十年（一六〇五）と年紀が記されていたが、それは古い成立時の仮托が施されていたとしても、寛文期までの六〇年を考えると、蝦夷地からの移入というよりも陸奥在来的な性格のものと考えるべきである。それには、兄頼朝と不和を生じ再び身を寄せていた秀衡が世を去り、泰衡が自分に敵対性を見せるようになると、恩義ある人の子と戦って民を苦しめたくはない。自分は不義の人になりたくないからここを去る方がよいといって、秀衡から貰った錦の袋を披いて読んだ遺書により、蝦夷地への路を知り意を決して夜中館を出て結局宮古に至り、三年余居住の後海路蝦夷に入った。人々はその後の行方を知らないけれども、義経の徳を慕い、甲冑を埋めて判官稲荷の祠を建てたというのである。

判官稲荷の説話は、八戸に夫人久我《こが》氏を失い祀った寺がある話などと共に、太平洋側からの北航を語る義経北行伝説であるが、主流をなしているのは日本海側津軽海峡を渡る彼の北行伝説である。津軽半島三厩《みんまや》には渡海する際義経たちが観世音に祈願して三頭の竜馬を得たという地名説話があり、竜《りよう》馬山義経寺《まさんぎけいじ》という浄土宗寺院までもある。『吾妻鏡』にも「白河《しらかわ》関より、外浜《そとがはま》に至る、二十余ヶ日の行程也。其の路一町別に笠率都婆《かさそとうば》を立て、其の面に金色の阿弥陀像を図絵す」とあるので、北に向かう道は津軽半島外ヶ浜の方に通じていたのが幹線ということだったのであろう。

海峡を渡ると第一歩を印したのは函館《はこだて》であるということになり、船魂《ふなだま》神社の泉は義経が弓で突いた岩から湧き出したものだという。松前《まつまえ》から江差《えさし》—熊石《くまいし》—島牧《しままき》—歌棄《うたすつ》と彼の足どりの伝えは続き石狩平野に入る。そこから北蝦夷に進路をとったという伝説の筋になる。このような説話は中世来から北方に広まっていたとしても、渡島半島だけでなく義経神社のように東蝦夷にある関係説話もある。この神社は寛政期に近藤重蔵が創建したと伝えられる。異説もあるが、近世後期に幕府の政策によって渡島した人々が在地の信仰を利用したのか活用したのかであろう。しかし、いずれにしても寛政期には道東部においても義経北行伝説があったのであろう。あるいは判官稲荷の縁起のような太平洋側からの北航説話が影響したことによって、寛政四年（一七九二）十月八日の菅江真澄の遊覧記に、現在の青森県下北郡佐井村磯谷のあたりで「源九郎判官此磯より松前の島に橋わたし給ひてんとて」と書いているように、下北半島方面からの義経北行路説話も成り立っていたのかもしれない。

そこから北に向かって樺太から沿海州・黒竜江流域にまで及ぶのは、人の発想の自然である。それはおそらく、湧別《ゆうべつ》式石器の太古からユーラシア大陸から日本列島北東半部に及んでいた文明のみちの、逆の辿りでもある。このような伝統があったればこそ、近代に「義経はジンギス汗なり」などという説が生まれてくるのであろう。北の海みちは近代にも第二次大戦が終わるまでは生きていたが、形を変えても現在及び将来の環日本海時代に蘇ることであろう。

日本古代史の最後に位置したのは、自身の滅亡によって鎌倉幕府による中世封建制確立を達成せしめた平泉藤原氏であった。昭和末年以来柳之御所の発掘調査で中国陶器や西南日本の陶器をはじめ、きわめて京都的文物が確認された。一般には平泉藤原氏の中世的都市文化の京都に比肩する卓越性を検証できるとする見解さえ生じている。もちろんその結果新知見を得ている向きも少なくはない。だが平泉王国論が迎えられ、平泉仏教文化が、日本古代文化の一つの盛時である平安時代後期において、藤原文化の中心であるかの如き論などが出されている時期でも、さらにはそれを総括するが如く、その文化都市としての荘厳が、平氏六波羅《ろくはら》政権を六〇年、源氏鎌倉政権を一〇〇年先んじて、武門政権のひな型である一政権を形成し一国家を構成した政治都市として成り立ち、そこに平泉文化が築かれたものだとする論が評価されていたときでさえも、「どんなに平泉文化が立派であったにしても、それが独自に北方で生まれたものではない。言葉は悪いが平泉仏教文化は京都仏教文化の亜流なのである」（「平泉藤原氏の政治権力と文化」『政治経済史学』一〇〇）とまで言ってきた著者にとって、柳之御所発掘から平泉の京都性が明らかになることには、我が意を得たりの思いを深めるばかりである。

ことに中国陶器に表徴される伝来文物については海みちを経由しないものは何もないのである。東シナ海を越えて九州なり大阪湾なりに伝わったものが、京畿を中継点にして平泉に伝わったのであろう。またもしそれら出土物の中に都を経てきたものではないものがあったとしても不思議はない。粛慎とか挹婁とかの外国名を供養願文の中に記している平泉のことである。北の海みちなり日本海路なりで直接東北に伝わったものがあっても、少しも不都合はないからである。いずれにしろ海路の意味はきわめて大きい。

十　北の海みちの伝統と展開

城介安達氏

平泉滅亡から大河兼任敗死までの経過は、それを処理し終えた鎌倉幕府が全国的中世武家政権を確立することになり、日本の古代の終焉を象徴するものであったが、鎌倉政権の奥羽旧制へのそれなりの配慮はあった。文治五年（一一八九）平泉滅亡二か月後における『吾妻鏡』十月二十四日条には、出羽・陸奥は「夷之地」たるによって「偏えに古風を守り、更に新儀無し」と記しており、最北の国家領域たる奥羽について、鎌倉幕府体制は、少なくとも源頼朝は、統一政権の新制を多少抑えても、その地の安定性を崩壊に導くようなことは避けようとしたことが読み取れるのである。もちろん平泉制圧の直後に頼朝は葛西清重《かさいきよしげ》を平泉に置き陸奥の御家人の奉行を命じた。やがて翌年奥州総奉行《おうしゅうそうぶぎょう》としての実態を備えることになる。さらにこの年に伊沢家景《いさわいえかげ》を陸奥国留守職《るすしき》に任じたのである。その氏名は未だ明確になっていないが、同じように出羽留守職も置かれたと考えられるが、その庁の所在地の所伝は飽海郡新田目《あらため》村と北目《きため》村とにある。この段階から奥羽新体制は名実共に成立したのである。

ところが、一見もう中世には必要ではなくなったように思える秋田《あきた》城介《じようのすけ》が任命されていたのである。まさしく「古風」をここに見ることができる。その人は安達景盛《あだちかげもり》であった。

建保六年（一二一八）『吾妻鏡』の三月十六日条には「出羽城介藤景盛」とあるのみでなく、彼が藤原氏で右衛門尉であることを明記している。ことにこの城における鎌倉幕府の認識では永承五年（一〇五〇）平繁盛が任ぜられて以後は「補任の人無し」ということだったのであるから、この「古風」は単なる旧制墨守というようなことではなく、積極的な意味をここに認めたものに違いない。安達氏は武蔵足立氏と同系かと考えられるけれども、陸奥国安達地方から出ているとも伝えられているので、秋田城介に東北に縁を持つ武将をという判断が、どこかにあったのかもしれない。

秋田城介の次の史料は、官庁の四等官（主典以上）を任命し登録した史料抄の「除目抄《じもくしよう》」なる文献に見える。嘉禎《かてい》三年（一二三七）に従五位下で、出羽介藤原義景《よしかげ》が父景盛の就任のことも想い起こされて任命されている記述である。これは「関東評定衆伝《かんとうひようじようしゆうでん》」によっても裏づけられる。すなわち同伝の記載するところによれば建長《けんちよう》六年（一二五四）に義景の子泰盛が秋田城介となっている。彼が秋田城介という肩書で鎌倉幕府年頭行事で将軍身近に列していることは、『吾妻鏡』の建長八年正月二日条にも表れる。もちろん評定衆として毎年記されている。続いて泰盛の子宗景《むねかげ》が弘安五年（一二八二）父の後任という実態で秋田城介になったことが同じ評定衆伝に記されている。この後にも泰盛の傍系に当たる安達氏が、時顕《ときあき》、高景《たかかげ》と、一四世紀初めの嘉元《かげん》、同世紀前期の嘉暦《かれき》の頃に、秋田城介になっていたことが知られている。

時顕と高景については、『太平記』の「高時幷一門以下東勝寺に於いて自害の事」条（巻十）に、秋田城介師時、城介高景の名が、「慶長八年古活字本」などによって伝えられている。しかしこれは諸伝本との校合によって、たとえば「日本古典文学大系」の後藤丹治《たんじ》・釜田《かまた》喜三郎校注の明示する如く、時顕と高景父子のことであるから、秋田城介は幕府滅亡まで続いたことが知られる。この条には「秋田城介入道延明」の名もある。彼の任期を特定はし難いが、秋田城介の鎌倉時代不絶はわかる。

鎌倉時代の秋田城介は安達氏の世襲の観がある。これは単に陸奥と関係があると伝える豪族だから就任したなどということではないということを示している。やはりこの氏の政治的立場と実力とまた家系とが注目されなければなるまい。そういえば景盛のむすめは最明寺《さいみょうじ》入道時頼《ときより》の母として有名な松下禅尼《まつしたぜんに》であるが、景盛自身が頼朝の乳母の血を享けており、もともと北条氏のみならず頼朝とも近い関係を持っていた。源氏は実朝《さねとも》で滅びても、松下禅尼のむすめは将軍藤原頼嗣《よりつぐ》の夫人であり、禅尼の兄弟である秋田城介義景のむすめは名執権時宗《ときむね》夫人であり、その子が貞時《さだとき》、孫は高時《たかとき》である。しかも高時の母も先に記した嘉元の城介時顕のむすめである。家系の雄弁に語るところ、北条氏中心の幕府においてこの安達氏の占めている外戚性は、皇室に対する藤原氏に劣らない。

北条氏が東北地方経営において、得宗領《とくそうりょう》設定などに見られるような積極的姿勢を持っていたことは、すでに常識化している。その東北において、秋田城介に安達氏を任じているということは、「秋田城務」と表現されるところの職務権限が、北条氏のためにも国家のためにも甚だ重要な実体を持つものであったことを窺わせる。だから『吾妻鏡』は景盛の城介就任について、命を受けた彼が「恐悦顔色に彰かなり」という喜びを示したことを記し、客観的にも「尤も珍重と謂うべきか」と評言を記したわけであろうし、彼が政変で高野に貶在していて宝治二年（一二四八）夏に卒去した時にも、母は丹後内侍《たんごのないし》であることをも示し明記しているのであろう。きわめて重要人物だったのである。

泰盛が秋田城介であった頃に、北条時頼に関わるとする出羽象潟蚶満寺《きさかたかんまん》の寺領寄進の伝えなど、多くの回国説話が秋田やその北津軽の地にあることも、故なしとしない状況があったものと考えられる。然らばその秋田城介の任務は何であったのだろうか、やはり王朝時代以来の継承に基づくものであったと判断される。城介の実際の誕生は奈良時代末宝亀十一年（七八〇）出羽国府の撤退論議時に出羽介が残って城務を掌った時にあることは同年紀八月条で知られる。そこには対渤海交渉の事があったこともすでに第四章で述べた。さらに延暦二十三年に秋田城制に変化があったが、それも渤海使の北陸来航応接と関係するであろうことも第五章で述べた。しかし、だからといって対北方の海みちによる交流が、東北から消え去ったわけではないことも、第九章で明らかにした。

幕府が秋田城介を任命したのは、王朝時代「出羽介」が秋田城務を司っていたものについては、「出羽城介」と記すことが一般的であって、それは出羽国の秋田城司としての国司の介という趣意であったと認められる。そこで、「秋田城介」と称し任じたのであろう。これについて『吾妻鏡』の記すところが一応鎌倉幕府自体の認識であるとすれば、「永承五年九月日、平繁盛始めて任じ、其の後も亦補任の人無し」という立場から、一七〇年近い空白を越えて景盛をその任に就けたことは、この限りにおいてまさしく遠藤巌氏説の如く「秋田城介の復活」(高橋富雄編『東北古代史の研究』吉川弘文館)である。遠藤氏は「征夷大将軍自体が鎌倉期中世国家の新たな制度として再生され、その『東夷成敗』権も平安末期の鎮守府将軍と平泉藤原氏権力とを止揚した上に具体化されたが、それと補完関係をなす官としては秋田城介という名称こそふさわしいものと受けとめられ、制度化されていった」とみられたのである。それはまさしく一理ある解釈である。

東夷成敗権というものの具体的内容を明示した史料は知らないが、その中にはいわば「北夷」との関わりがあると考えざるを得ない。中世においても北海道島との関係を直接の対象として、さらにその北の地区との交流はあったのであり、その交流交易において、得宗領中心の奥羽経営と連繫した「利」を幕府はあげ得たのである。「蝦夷沙汰権」といわれるようなものは、当然北海道島を意識しているわけであり、その場合その北に対する意識がなかったなどとは考えることができない。それは平泉藤原氏滅亡以前から継続されている問題でもある。いみじくも「止揚」と表現されるごとく従前あったものの改めての把握であり位置づけである。

秋田城介は鎌倉時代を通じ虚名でも形骸でもなかったからこそ、建武《けんむ》に朝廷方の秋田城務を葉室光《はむろみつ》顕《あき》が出羽守として急ぎ掌る策がとられることになるのであり、そのような情勢下で新政反対側の、

「朝敵余党人等、小鹿島并びに秋田城今湊に楯築き」津軽に乱入する（「斎藤文書」）という、顕著な実態が即時現実として出来《しゅったい》したのである。やがて延元《えんげん》元年（一三三六・建武三）に光顕は武家方によって任国で殺害されることになるように、どの政権からも秋田城務が重視されたのである。だから後村上朝になると興国《こうこく》六年（一三四五・貞和《じょうわ》元）光顕の子光久《みつひさ》を秋田城介に任ずる（南朝伺候列伝）ことになるのである。北朝方も当然ここを重視し、正平《しょうへい》五年（一三五〇・観応《かんのう》元）以前には源泰長《やすなが》を「秋田城之介」としていたことを、「秋田藩家蔵文書」は伝えている。『菅江真澄遊覧記《すがえますみゆうらんき》』にも、足利尊氏《あしかがたかうじ》入洛の際加護を祈願成就したので、城介泰長が寄進をした観応元年の証文が横手遍照院《よこてへんじょういん》に所蔵されている旨記録されている（「月《つき》の出羽路《いでわじ》」）。

足利幕府も秋田城介の職務と実益とを重視していたのである。もちろん南朝方も秋田城重視は変えることがない。「新渡戸《にとべ》文書」によれば、正平十一年（一三五六・延文元）に秋田城古四天王寺《こしてんのうじ》別当恒《こう》智法印《ちほういん》が、寺領を文和三年（一三五四・正平九）以来侵され寺務を妨害されているから停止して欲しいと訴え出ている。法印の申状によると、その乱暴者は内海《うつみ》三郎・三浦弥六《やろく》以下であるという。内海は「尾張《おわり》国内海《うつみ》羽津《はず》城」の没落により来入して、仏法の御敵となって「身は濫妨《らんぼう》」をしているという解釈で申し立てをしているが、羽津城は熱田神宮の大宮司千秋氏が羽豆岬《はずみさき》に設けた城で、羽豆崎城ともいわれ、文字は番豆・波津とも書かれる吉野朝方の要衝である。

だから実際は両朝勢力争乱の間に、南朝方が、北朝方の秋田城に攻め入ってきたものである。訴状は代々の関東下知状なども副えた形であったから、鎌倉幕府の古四（天）王寺を含む秋田城地に関わる密な関係が想定できる。当然尾張からの内海らは海路を辿ったはずで、古代北の海みちの伝統を持つ秋田湊が国内中世航路として政治・軍事的にも役割を果たしていたことを物語る。

秋田城跡には中世土塁をめぐらす「勅使館《ちよくしだて》」なる一郭があるが、禅宗の亀足山大悲寺《きそくざんだいひじ》に伝わる「縁起」には、文永九年（一二七二）蒙古来襲の折に、祈願所として亀甲山四天王寺《きこうざんしてんのうじ》に釈迦大像を造立したとある。もちろん古四天王寺も、四天王寺も、古四王寺も同じで、神仏習合時の修験別当は本山派《ほんざんは》積善院《しやくぜんいん》の末寺であり、明治神仏分離以後国幣小社古四王神社《こしおうじんじや》となっているが、同縁起は、後宇多《ごうだ》天皇朝に鎌倉将軍惟康《これやす》親王の命令で、亀頭山《きとうさん》妙覚寺《みようかくじ》・亀尾山《きびさん》光明寺《こうみようじ》・亀足山大悲寺の三禅寺を建立したと伝える。三亀山の他に秋田城から離れてはいるが、亀像山《きぞうさん》補陀《ほだ》寺という禅宗寺院もある。秋田市寺内を地域名とする秋田城地に、一群の禅宗寺院が鎌倉幕府と深い関係を持ち、室町時代になってもその余韻を保って中央政治と対応していたことが推察される。

なお、右の補陀寺では、伝説ながら南朝の藤原藤房《ふじふさ》の墓というものを境内裏の山内に持っている。中世後半秋田地方を領有した安倍安東氏と補陀寺は深い関係があり、一門が住持に入ったりしているが、やがてこの安東氏が、秋田城介を称したと伝えられるようになる。「日本将軍《ひのもとしようぐん》」と称していた津軽豪族安藤氏の後である秋田安東氏が、秋田城地方で戦国大名として大をなし、近世大名に成長していくとき、この「秋田城介」がいかに魅力的な官職名であったかは疑う余地がない。天正年間安東愛《ちか》季《すえ》が称したとも伝えられるが、慶長《けいちょう》七年（一六〇二）以後常陸《ひたち》国宍戸《ししど》に移封されたその子実季《さねすえ》がそれに任じられたとの説もある。良港秋田湊の存在を思い併せれば海運豪族安東氏に相応しい称号であろう。

ところで、単に秋田在住の地方大名だけの栄誉称号ではなかった。天正三年（一五七五）に時の最高権力者織田信長の子信忠が秋田城介に補任されたことが『信長公記』に記され、そこに記入された評言は「御冥《みよう》加《が》之至也」であった。もちろんこの御曹司が現地出羽に赴任したわけではないが、『貞《てい》丈《じょう》雑記《ざつき》』に「侍の面目とする官也」と定義される「八介」の中で、筆頭に掲げられる「秋田城介」のことである。単なる面目という栄誉感以上のものが、実質として伴われていたのであろう。そしておそらく冥加の実体は秋田でなければ入手できないものであったと考えられる。

安東氏と羽賀寺

秋田城介を自称したにしろ叙任されたにしろ、安東氏がそれを身に帯し得たのは秋田城の地を領域としたからである。しかし安東氏は初めから秋田地方の地頭領主だったわけではない。前九年の合戦の立役者安倍貞任《あべのさだとう》が敗死した時に、運命を父と共にした千世童子《ちよどうじ》とは別に『陸奥話記《むつわき》』などには名も記されていないが、高星丸《たかあきまる》という乳幼児がいて、津軽に落ちのび、藤崎《ふじさき》に居を占めて「安藤」を名字としたというのである。「安藤（東）系図」と呼ばれるものの語るところである。やがて岩木《いわき》川の河口部十三湊《とさみなと》に進出して、海運豪族となり、北海道にも進出して拠点を持った。もちろん北海の物産を求めるためであるが、それは単なる自家用品を求めるだけのことではない。初め渡島半島南端の函館湾西部域と位置づけていい木古内《きこない》の辺に進出したらしい。しかし当然の如く日本海側の上ノ国《かみのくに》の方に展開した勢力圏を持つようになる。古く阿倍比羅夫も北航し、対岸の人々も辿ってきた北の海みちの航路筋である。「当然の如く」と記したのは、安藤氏は、北海以遠の物産を、津軽を中継地として日本海の水運によって南西の日本に中継交易をするための、北海道進出であったからである。平成四年から累年調査をした国立歴史民俗博物館の発掘結果でも十三湊の充実性は明白である。

一方、「安東」と表記されて秋田県地方にも南下してくる。右の如く北と南を継ぐ海運交易を本性とする以上、比羅夫以来の渟代（野代・能代）・飽田（秋田）の港津を持ち、男鹿半島という日本海水運の要衝を持つ現在の秋田県地方に、南西航路の拠点を求めて進出してくることは、必然のことだからである。伝統的見方としては、安東氏の秋田南下は室町時代以後のことのように考えられてきた。しかし実際には男鹿半島から八郎潟《はちろうがた》に入り馬場目川《ばばのめがわ》沿いの白山権現《はくさんごんげん》社には建長の棟札の写しがあって、安倍太郎吉定《よしさだ》の建立である旨記されていたことが、江戸時代成立の『秋田風土記』に記録されている。

また『菅江真澄遊覧記』の「男鹿《おが》の秋風《あきかぜ》（恩荷奴金風）」には、赤神《せきしん》山日積《にっしゃく》寺の多宝院《たほういん》は安倍高季《たかすえ》が元徳三年（一三三一・元弘元）に建てたと記しているし、明治期の『羽陰温故誌《ういんおんこし》』なる地方史料には日積寺五社堂《ごしやどう》仁王門《におうもん》を安倍盛季《もりすえ》が建長五年（一二五三）に寄進したという縁起のあったことを伝えているから、男鹿修験の中心においては鎌倉期における安倍安東氏との関係が伝承され、それに関する文字史料も近代になるまでは伝わっていたのであろう。また真澄は、文化七年（一八一〇）夏の男鹿半島北浦《きたうら》紀行の際に、日吉《ひえ》神社の棟札を書き写している（雄鹿の春風）。それには山王二十一社を嶋《しま》郡《ぐん》地頭安部（倍）兼季《かねすえ》以下が康永三年（一三四四・興国五）に造立した旨が記されている。南北朝初頭のことであるから鎌倉期からの安東氏と男鹿の関係を物語る有力史料たり得るであろう。

安東氏の秋田入りは奥入り合戦の後に秋田男鹿地方の地頭となった橘公業《たちばなのきみなり》の動向と関係がある。公業は小鹿嶋《おがしま》氏を名乗り、この地の領有に積極姿勢を見せているのであるが、本領を四国の宇和《うわ》郡に持っており、嘉禎二年（一二三六）二月に宇和のこの本領は将軍頼経《よりつね》らの領地になり、公業には肥前《ひぜん》国長島《ながしま》庄・大隅《おおすみ》国種島《たねがしま》・豊前《ぶぜん》国副田《そえた》庄・肥後《ひご》国久米《くめ》郷などが与えられた。一三世紀の三〇年代に公業の秋田地方の所領が子供に移譲されたことが『吾妻鏡』に見えて以後、その後橘氏（小鹿嶋氏）の秋田地方の地頭職についいては史上に表れない。北条執権勢力と結んだ立場で津軽を中心にして「蝦夷管領」とか「津軽守護人」とかいう地位を得ていた安東氏が、影の薄くなった橘小鹿嶋氏の勢力退去後の空隙を黙視していて、何の進出策もとらなかったとは考え難い。鎌倉御家人の有力者曽我時助と南北朝初期に男鹿の地頭職を争う安藤孫五郎がいた（正平十二・一三五七、「斎藤文書」）のはこうした実情を如実に物語るものである。

ところで、安東氏は日吉神社を男鹿にだけ勧請したわけではない。津軽では本拠の現在の市浦村相《しうらむらあい》内《うち》の山王坊《さんのうぼう》にも、名の如く山王＝日吉神社の遺跡がある。山王は日吉神社の神仏習合における権現号であるが、山王坊の遺跡は、近江の坂本の日吉神社と相似の建築構造を持つものである。それは、安東（藤）氏が坂本などの地と直接の関係を持つことを、明白に示しているものであり、当然それは海運による交渉であるから、敦賀《つるが》とか小浜《おばま》とかに寄港し、塩津《しおづ》とか今津《いまづ》とかに出て、琵琶《びわ》湖を船で渡り大津に至るような交通路によって結びついているものである。

その若狭の小浜には羽賀《はが》寺という安東（藤）氏と縁の深い名刹がある。この寺の「縁起」には、永享七年（一四三五）に焼失した羽賀寺を復興せよとの勅命が後花園天皇から「奥州十三湊日之本将軍安倍康季」に下されたことが記されている。「縁起」によれば奉勅の翌年から工事にかかった安倍康季は、昭和四十一年（一九六六）に発見された羽賀寺十一面観音厨子の棟札によると、文安四年（一四四七）に復興の件を完了した如くである。日之本《ひのもと》は日本の国土の東限の地域の意であるから、東方辺境の将軍にすぎない十三湊の安倍安藤（東）氏に、遥かに遠い若狭湾の古刹の復興が命ぜられたことになる。極端な表現をすれば、朝廷が東北の田舎豪族を知っていただけでなく、その実力を認識し評価していたのである。不思議でさえある事実である。

しかも事は財力を必要とすることである。遠隔地に一二年間にわたって、資金・資材・人員を送って造営工事を継続することは、甚だ難儀なことである。海運力の充実なしには初めから勅命を受けることなど「出来ない相談」である。もちろんそれなしには朝廷側も命令を下すはずもないことである。十三湊安倍氏の力は実体を伴って天下に隠れなきものだったのであろう。そしてこの事業展開の基盤には安倍氏の代官が小浜に常駐していたという実態もあったものに違いない。京都にまで恒常的に働きかけが可能だったのは、この代官がもともと小浜にいたからであると見た方が適切かもしれない。

康季が日本之将軍としてこの事業を遂行している頃、すなわち一五世紀の頃に、イタリア人サンセウントラトの『東洋地図』には、ミヤコと記される京都の北の日本海岸には、AGUDA（秋田）以外の湊の記載はないことが、早くから知られていた。昭和十六年に南秋田郡土崎港町の秋田市合併後に秋田市役所土崎出張所が刊行した「二千六百年の記念事業」であった『土崎港町史』という書物で「土崎港としての全町の歴史であって」「専門化された、歴史学的なものを目的としたものではない」としている史書にも記述されているほど、一般的な知識となっているが、古代以来の伝統を持つ秋田湊が中世国際的にも知られていたことを推知し得る史料であり、これは当時この湊を領有し、舟楫の基地としていた安倍安東氏の海運力の証左でもある。同時に北の海みちを受ける日本海海運の在り方をも如実に物語る。

それは、著明な「耶蘇会士日本通信《やそかいしにっぽんつうしん》」の記事で一六世紀後半においても同様であったことを知り得る。『中世の秋田』（さきがけ新書　昭和五十七年）の中で、執筆者の加藤民夫氏も、この史料を「土崎湊が夷島と京畿を結ぶ商品流通の中継的役割を帯びて、広域的な取り引きが展開されていることを物語る」ものであり一六世紀末の土崎湊が「安東氏の保護のもとに、出入りする船舶と集散する物資でごった返していた」との結論を導く史料として挙げているが、「永禄八年（一五六五）宣教師ルイス・フロイス……の書翰」は、中国及びインド在任のパードレ（神父）やその下のイルマンに宛てられたものであり、その、

　日本国の北方殆ど北極の直下に蕃人の大なる国あり、彼等は動物の毛皮を着し、毛全身に生じ、長き鬚髯あり、……甚だ酒を好み、戦闘に勇猛にして、日本人は之を恐る。……法律なく、天の外礼拝する物なし。国は甚大にして都より三百レグワあり、彼等の中にゲワ（出羽）の国の大なる町アキタと称する日本の地に来り、交易をなすもの多し。

という内容は、伝聞に基づくところではあろうが、当時の宣教師の日本観察眼というようなものから推して、高い信憑度を認めていいと考えられる。安倍安東氏はきわめて密な関係を京師に対して持っていて、秋田の情報も十分宣教師たちに伝わり得たはずだからである。

ルイス・フロイスの書翰から三〇年後であるが文禄四年（一五九五）五月、秋田の安東氏当主実季《さねすえ》に対し青蓮院宮尊朝法親王《しょうれんいんのみやそんちょうほうしんのう》から命令があり、またしても小浜の羽賀寺の修復に安東氏が当たり、秋田湊の地位は、帝都に直接的意味をもって認められるような状況が生じていたのである。しかもそれはこのとき新たに生じたというのではなく、継続してその状況が存在したというべきなのである。実季の父愛季も織田信長に対してはきわめて精勤を励んでいたようであるから、永禄・天正・文禄と秋

田湊の京畿に対する立場に弱化する要因はなかったはずだからである。

しかも「羽賀寺縁起」によると、実季は慶長五年（一六〇〇）までの段階で修造の業をほぼ達成したものと認められる。というのは、この縁起には後陽成天皇宸筆《しんぴつ》の一二行があり、奥書となっているが、一二行の冒頭「右一軸者陽光院贈太上天皇芳翰也」《じくようこういんぞうだじょうてんのうほうかんなり》というのが書き出しである。陽光院は正親町《おおぎまち》天皇の息子で後陽成天皇の父君となる。羽賀寺が霊亀二年（七一六）に行基《ぎようき》創建の名刹だという伝えの重さを、本来皇位に就かれることが自然であった陽光院の親筆が示しているが、奥書には、先に言及した如く文安四年に康季が修造を終えたという今の堂塔が、一世紀半の歳月で文禄四年に徐々に破壊に及んでいたところ「有本尊之奇端感之而出羽国秋田安倍実季忽抽懇志速遂修造之功矣真是齎持重宝経過険路之謂乎如今一覧之次為後証加奥書而已」と五六字で表現される事態となった旨が記される。すなわち「本尊の奇瑞《きずい》有るに感じて、出羽国秋田安倍実季忽《たちま》ちに懇《ねんご》ろなる志を抽《ぬき》んで、速かに修造の功を遂《と》げたり。真に是《こ》れ、重宝を齎《もたら》し持ちて険路を経過せるものと謂《い》うか。如今《いま》一覧の次《ついで》後証の為、奥書を加えるのみ」と読んで大過はないものであろう。宸筆は実は「而已」とあるがこの巳は已の通用であろうと考えそう読んでおいた。

津軽十三湊の康季と出羽秋田湊の実季とが羽賀寺修造の功績を持ち、同寺においても両者の木像が置かれている。僧形の実季像は、すでに、慶長七年（一六〇二）に秋田から常陸国宍戸《ししど》に移封されてから二九年にして、寛永八年（一六三一）にさらに伊勢国朝熊《あさま》村に閉居させられ、万治二年（一六五九）に「な（慣）れなれてみね（峰）の松こそとも（友）となれあらし（嵐）はやま（山・止）のう（憂）きに譲りて」という辞世を残し八四歳で死去するまでの間に、自ら凍蚓《とういん》と号し、凍蚓の像を鎌倉から招いた新六という人形師に写し彫らせたのであるが、実季はその自らの像と共に康季の像も羽賀寺に贈ったものと伝えられており、寺は両木像を尊崇するとともに、境内に「奥州十三湊日本将軍安倍康季君鳳聚院殿高山賢機大居士《ほうじゆいんでんこうざんけんきだいこじ》三百五十遠忌宝塔」と記した碑が寛政二年（一七九〇）に建てられ、現在の寺の宗祖弘法大師を祀る碑に並ぶ位置が与えられているほどである。実季が秋田から引き離されるまで安東氏は北の海みちを享ける海運に密に関与して羽賀寺とも接していたのである。

近世日本海海運

豊臣秀吉に、文禄二年（一五九三）いわゆる朝鮮出兵に際し、軍船大安宅《おおあたか》の用材の供出を命ぜられてその任を果たした安東氏は、翌三年に淀船三〇艘分を負担し、同四年（一五九五）以降伏見作事用《ふしみさくじよう》板《いた》二〇〇〇間余を慶長四年（一五九九）まで供出し続ける。これらは有名な秋田杉の用材であるが、一部を安東船も運んだであろうが、多くはいわゆる北前船《きたまえぶね》が運んだ。関係史料を整理すると、若狭八・越前一三（内敦賀七）・加賀四・能登四・越中五・佐渡一・越後二・出羽一・近江二・その他三となっていて、船問屋は三国・長浜・輪島・新潟・出雲崎などの者で、その中には敦賀の道川・高島屋や若狭の塩屋などのように、秀吉の命令で朝鮮海峡に軍船を出動させた大きな船問屋もいた。

秋田から杉材を運んだ彼らは、もとから北海の動産に関心もあったに違いないが、秀吉の要請で杉材を京師に運送してから、彼らも秋田杉の価値を知り、結果として秋田杉の名声は近畿に定着した。結局これ以後近世を通じて、東北の産米や北海の海産物などと共に天然杉材もいわゆる北前船により運び続けられることになるのである。

文禄・慶長から一二〇年たった享保十年（一七二五）北方日本海航路の船が漂流した事件が、『代《だい》邑聞見録《ゆうぶんけんろく》』などに記録されている。この年の秋大坂の長浜屋源左衛門と能代の越前屋久右衛門との持ち合いの船によって、北海道の昆布・干鮭などを西日本に運ぶため、能代港清助《せいすけ》町の与三郎悴で三八歳の三郎兵衛と、勘四郎悴で三七歳の万太郎が、沖船頭阿路川《あじがわ》平三郎（大坂）以下一四人の乗組員に加わり、二二反帆・八五〇石積みの船に乗ったのであるが、船員のうち九人が大坂の者、三人が長州下関の者、二人が彼ら出羽能代の者であった。七月一日米少々を積んで能代を出帆、同五日松前箱館《まつまえはこだて》に入津した。これから北海の物産を積んで大坂の方に向かうというのが、北前船一般の航海だったのであろうし、それが通常の如く航海すれば、回船問屋の大福帳にでも経営記録が載るだけであったに違いない。

ところが、積荷の上八月二十六日に、同記録が「出船帰帆仕候処」と書くように、全く日常的な「帰航」をしようと南下の途に就いたのであったが、九月朔日暮頃から北東の大風雨が強まり、だんだん荷物を打捨てて船の安定をはかったが、四日に柱剪《き》り折り、晩には楫《かじ》を打ち折ってしまって夜になってから、水船になってしまったので、翌五日乗組員が残らず橋船（端船＝端艇）に乗移り、漂流していたところ、どことも知れぬ方向に山が見えたので、右の方に流れ寄ったところ、島の内に一人の人間がいた。彼らを見て笠を着て出て来たのを見ると唐人笠《とうじんがさ》であった。そこで初めて唐であったのかと驚き入り、船から上がらなかった。この申し立てによる記録は、島に着いた日の明記はないが、九月五日は陽暦でいえば、十月十日に当たる。台風シーズンに北東の風に巻きまれて漂流したのである。

ところで、昭和五十八年（一九八三）の二月二十六日韓国西江大学教授全海宗博士は、同博士が前年の一九八二年末史料解明しておられた、該漂流の李王朝側記録『同文彙考《どうぶんいこう》』に関する講演を、「日本海漂流と文化交流」と題して秋田県生涯教育センターで行われ、同史料では「十四人移乗汲水小船九月初七日漂着」とあることが明らかにされた。同史料によって橋舟漂流は三日間に及んだことが知られる。その上「漂着于本邦江原道三陟境」と漂着地も特定されていたのである。ただ「十四人内十一人即貴国摂州大坂居民三人即貴国下関居民」とあって、能代の二人は雇われ船主の主動性に導かれたのか大坂勢と一括されている。いずれにしろ日本と韓国との両側から日本と朝鮮王朝の両者の史料によってこの事実が解明されたことは、快事であった。この状況を享けて著者は、昭和五十八年十月二十一日に折から江原道に調査行をしていたことを利して、三陟の現地に赴いた。そこで五十川の川口から二〇キロほど南下した海岸線に「徳山島」という本土の海岸に近接した円錐型の山島が存在するのに到達した。そして『代邑聞見録』にいう「島之内に人一人見掛申候」とある島は、この徳山島に違いないという結論にも到達した。現在も漁村があるいわゆる「舫（茂谷・霧）山」系の島である。

古代の北の海みちによる北方交易を目指した阿倍比羅夫の北航、諸鞍男の靺鞨市場調査、渤海交易から、伝統を継受した安東氏を媒介にした北海物産交易と、北海道以北からの関与も想定できる輸入交易の海路を享けて、安東氏移封後の近世の北前船の航海が、この例のように環日本海全体に及ぶような偶然必然の航海もしたのである。古代日本における北の海みちの意味は近世日本にもその伝統を垂れて止むことはなかった。

もちろん近世も寛文十二年（一六七二）といわれる段階になれば、河村瑞賢《ずいけん》の東廻《ひがしまわり》海運・西廻《にしまわり》海運の開設もあったのであるから、北方の北海道島の知識や物資を、津軽海峡・陸奥湾などを経ていわゆる三陸海岸の方にも及ぶことになったに違いないが、その中から八戸在住の医師ながら近世思想史上の異才安藤昌益の北方に関するとらえ方を検証してみる。『自然真営道』の中には、
今の世の夷地に於いては、神農の教も無く、聖人賢者も無く、上君も無く、政事法度も無く人々直耕直織して金銀の通用もなく、欲心も無く乱世争戦の軍学書の学問も無く、儒・仏・神・医・老荘の学法も無く、虚偽謀計の商売も無く……、安閑無事なり。

と述べて蝦夷地すなわち北海道の生活を礼讃している。当時の常識では恐らく例外なしに、遅進の社

会と見られていたに違いない北方の社会生活を、彼は「不耕貪食《ふこうどんしょく》して渡世する者は、天地に対して無礼なること、これより大なるは無し。直耕《じっこう》して安食《あんじき》する者は、天地と同じ行いなるゆえに、真の礼教なり」「三百の大礼三千の曲礼《きょくれい》、皆孔丘《こうきゅう》の制法にして、自然天道の直行に非ざる也」「上に立って不耕貪食し転道《てんどう》を盗む。これ盗の根なり」「歌舞・謳能《うたいのう》・茶の湯・碁《ご》・双六《すごろく》・博奕《ばくち》・酒・女狂《おんなぐるい》・琴・琵琶・三味線一切の遊芸、情流離《じょうるり》・芝居野郎・遊女・乞食の衆類、悉く妄乱の徒ら、悪事止むこと無きは上の侈《おごり》よりなり」（『自然真営道』）というような信念的哲学に基づいて、礼讃したのである。

これは、「阿蘭陀《おらんだ》……婚姪《こんいん》の道当《まさ》に正しき也。已《すで》に妻を娶《めと》り、一たび嫁して後、男は他女に交わらず、女は他夫に見《まみ》えず、互に夫婦の愛情を守りて全く他情無し」「夫婦は自然進退の一気にして人倫の大始、娑婆《しゃば》世界の大体なり」「夫婦は第一倫、子を生む。親子は第二倫」「男女にして一人、夜交わり昼は耕し、米穀を生じて之を食い子を生む。世界無窮也」（『統道真伝』）といっている男女哲学に関することと通じている。すなわち、オランダのことなど直接見たはずもないから伝聞記述に違いないからである。それ故にオランダの夫婦倫理の実行を絶対視し礼讃することも、自己の解釈なり了解なりとして至って自然にできるのである。恐らく欧州男女愛の実態を見る機会があったとしたら、幻滅ということになったはずであるが、幸いにももし長崎などでオランダ人を見る機会はあったにしても、社会実態としてその夫婦のことは見たことがなかったのであり、そこにこの理想論を導き定めたものであろう。

欧州とは違って八戸からすれば隣のような北海道のことについてさえも、「直耕直織」というあたかもそこが農耕社会であるかの如き認識や、「虚偽謀計の商売も無く」という断定的誤解から推して、一度も近世アイヌ社会に赴いたことはなかったものと認められるのであるから、北から情報として伝わったものを自己解釈によって記述しているものであろう。それは北の海みちが昌益の近辺にも通じていたことによって可能だったのである。

彼は元禄十六年（一七〇三）出羽国秋田郡二井田村下村《にいだむらしもむら》安藤孫左衛門家に生まれたと推定される。延享元年（一七四四）には陸奥国三戸郡八戸町十六日町で医業を営んでいた。翌二年後には八戸藩中里家老の病につき藩臣の相談を受けるなど医師としての評価も得ていた。翌年の宗門改め関係の記録では、彼は四四歳で男二人・女三人の家族であり、その七年後の宝暦三年（一七五三）には江戸松葉屋清兵衛・京都山川源兵衛によって『自然真営道』三巻三冊本が刊行されている。和歌を詠む時など「確竜堂柳枝軒正信《かくりゆうどうりゆうしけんまさのぶ》」とも名乗っていたから、昌益はマサノブと訓まれていたのかもしれない。八戸は港町で彼が医師文人である以上、いわゆる蝦夷地の北の情報は充分に得ていたに違いない。その中から彼の自然真営・直耕の哲学の立場から価値あるものを把握し、理論構成したものであろう。やがて宝暦八年（一七五八）秋田郡二井田村に帰り孫左衛門家を継いだらしい彼は、門弟に教育し「守農太神」の碑を没後に建てられたほど門流から崇敬されたが、仁井田温泉寺関係の史料によれば宝暦十二年（一七六二）死去したことになる。恐らく自身では津軽海峡を越えたことはないのであろうが、北奥から北羽に帰り住み活動した彼は、ここでも北の海みちで伝わるものは相当量摂取できたことであろう。二井田から米代川を下れば河口の能代港に至るのである。

渡海盛行

昌益の時代は思想情報としての情報であったとしても、その没後二〇年もすると、もうその情報は政治や経済に関わるものも加わることとなってくる。工藤平助が天明三年（一七八三）に『赤蝦夷風《あかえぞふう》説考《せっこう》』を世に問うに至れば遂に幕政を動かすまでになる。享保十九年（一七三四）紀州藩長井家に生を享けた彼は昌益よりは三〇歳ほどの後輩になるが、仙台藩医工藤家の養嗣になることによって、東北とも関係が生じ、一関から大槻玄沢《おおつきげんたく》を仙台本藩に移籍したりするようになる。大槻の師匠である前《まえ》野良沢《のりようたく》と親交があったからでもある。そして彼は書中に赤蝦夷が蝦夷地の奥遥か東北の果ての国だとして、ルイス・フロイス書翰のいう「殆ど北極の直下」の国を彷彿とさせるものがある説明をまずしている。さらに「蝦夷地東北の端の千島を伝って赤蝦夷の物産をもたらし、こちらからは米や繊維品を求めている。千島入口の夷人が交易に手をかしているという噂は以前からあったが、近頃は油類・砂糖・ラシャ・ビロードなど種々の物で交易を熱望しており、頻繁に来航し、漂流を口実に蝦夷地の島にまでやって来る。船や服装も紅毛人と異ならず、漂流した日本人を保護して役立てたという日本語・蝦夷語の通詞《つうし》も伴っている。彼らはオロシャという国で赤蝦夷もそこに属している」というように、具体的で詳しい伝聞著述をしている。この書物が、勘定奉行松本伊豆守秀持から、老中田沼主殿頭意次《とのものかみおきつぐ》に、勘定組頭土山宗次郎の「蝦夷地の儀に付及承ふ趣書付」と共に提出された。天明四年（一七八四）五月のことである。

北辺の問題に開眼した田沼は、松本秀持の蝦夷地見分についての意見具申を採択する。勘定組頭金沢安太郎と組内普請役佐藤玄六郎を中心とした見分隊員の選考が行われ、普請役山口鉄五郎・庵面弥六・佐藤玄六郎・皆川沖右衛門・青島俊蔵の五名と下役五名が派遣されて、千島方面と樺太方面の二手に分かれて天明五年から六年にかけての現地踏査が行われた。後年有名になる最上徳内も青島俊蔵の配下に属していた。やがて六年十月の老中意次の失脚によって踏査事業は中止されたが、蝦夷地とその奥についての渡海旅行や探検が中絶することはもうなかった。当然その知識も豊富に正確に蓄積されることになる。

蝦夷交易といわれる赤蝦夷ロシア人や山丹《さんたん》満州人と松前藩やアイヌ商人の交易は時と共に濃度を増すのであったから、まさしく比羅夫段階の粛慎―蝦夷―日本という対北方交易の形態は近世にも存立していたのであった。山丹は山旦とか靼韃とかとも表記されるが、京都祇園祭の山鉾の「靼韃錦」は皇帝・皇后用の五本爪の竜が図案となっている一七世紀の品だと聞く。名の如く山丹から北海道経由で北の海みちで伝来したものと考えられる。

この伝統と蝦夷地親近度の進展の中で徳内と同じ出羽人であり、昌益とも同じ藩内の人間である佐藤信淵《のぶひろ》が、昌益死後七年の明和六年（一七六九）に雄勝郡に生まれる。天明元年（一七八一）と二年に十代前半の少年で父信季《のぶすえ》と西蝦夷・東蝦夷を巡見し、その結果は後年のやや大きすぎるような発想の『混同秘策《こんどうひさく》』の中で、第一に古代渤海領などを対象にするような視野からの提論をすることに連なるのである。

ロシアが北方から南下して来て、鎖国政策を建前とする幕府政策としては、日本海沿岸諸藩の海防策が強化されるような状況が生じたのに、その警戒をも物ともせず北海から日本を訪れた注目すべき人物がいたのである。その人の名はラナルド・マクドナルドである。ここでは一九七九年富田虎男訳『日本回想記』（刀水書房）によって彼の来日を辿ることにする。彼はいわゆる鎖国の外国人追放令についての認識を持っていたし、「日本国民！　彼らこそ既存の諸国民のうちでもっとも古い国民であり、また愛国的団結のもっとも強固な国民である。すぐれて戦士的な民族である彼らは、世界のあらゆる強国をも――フビライ汗（一二七一～九二年）から今日まで――みごとに撃退し、敵を国土に寄せつけなかった」という明確な認識も持っていた。ということは日本に入れば生命に危険があるということを十分知っていたということである。

なのに、その危険をあえて冒したのは、「現存の人類中もっとも古い民族。はるか豊饒《ほうじょう》の海によって岸辺を洗われ養われる『東方の島国』帝国。驚異にみちた大洋のなかの驚異！」というある種の憧れを強く抱いていたからである。そしてそれはこの回想記による限り、一八二四年二月三日に白人の父とチヌーク族の首長の末娘の母との間に生まれたが、彼を生んで間もなく母が死去したため、父の再婚によりドイツ系スイス人の継母に育てられた。この母に彼は兄弟中で一番可愛がられたと認めているが、やはりインディアンの血を引く民族意識のようなものがあり、東洋人として同じ血がつながると考える日本人に親近感をいだいたもののようである。そして一八三三年から三四年にかけて漂着救助された日本船宝順丸の乗組員乙（音）吉らの事件も刺激になったようである。

周到な計画の結果、一八四五年暮に捕鯨船プリマス号の船員になりサンドウィッチ諸島（ハワイ諸島）に渡った。そこでまた同号の乗組員として再契約をし、マリアナ諸島から香港に至り、日本海で捕鯨するための艤装をした。バシー諸島・琉球諸島・済州島を経て一八四八年三月六日に日本海に入った。この限りにおいては南の海みちで日本に近づいたということになるが、実際に彼が計画通り日本入国の企てを実行するのは間宮海峡まで北上してからのことであった。マクドナルドの原図だというその際に関係する西蝦夷地図によると、天売島《てうりじま》の南西でプリマス号を離れ、船長用小船と三六日分の食糧などを買い取って、思いとどまれという乗組員たちと別れ霧の北海に孤独の行動を始めた。一八四八年六月二十七日であった。

彼は焼尻島《やきしりとう》に上陸し、漂流を偽装すべく休養をとり準備をした。七月一日朝利尻島《りしりとう》に向かった。わざと舟を転覆させた時多くの物品を失った。しかし一晩まんじりともせずに舟を守り、翌朝四人のアイヌ人に助けられ利尻島に上陸し番所でしかるべき待遇を受け熟睡した。そこは野塚《のつか》でやがて本泊《ほんどまり》に。そこで三〇日くらい監禁され、八月初め船で宗谷《そうや》に。宗谷勤番所で取調べや健康診断などをうけ軟禁。読書もでき、厚意的差し入れもうけたが、順風になったので松前に出発した。陸路で三〇日、船では順風なら八日から一〇日、逆風では一五日から二〇日ぐらいかかると役人に教えられたという。やがて帆船で一五日の航海で一八四八年（嘉永元）九月七日に松前に着いた。役人は彼の日本人的な風貌に驚きの声を挙げたとあるが、結局長崎に護送されることになる。

もし鎖国でなく、外国船打払令などが発せられていない日本なら、彼こそ北の海みちから来日した文化の使者だったのである。それなのに江良の港から二〇日間の滞在の後に長崎に船旅させられ、結局北の港から真の入国ができなかったのである。十月十一日長崎に着く。九日間で乗り切ったことになるが、十三日身柄が長崎奉行所側に引き渡された。松森天神参道添で神社に向かって右側の大悲庵座敷牢に居住させられたため、彼の期待したような日本国内における生活はできなかったが、奉行所の通詞たち森山栄之助・植村作七郎・西与一郎以下一四人に、「最初の英語教師」といわれる熱心な英語の授業を、一八四九年四月二十六日（嘉永二年四月四日）米艦プレブル号で離日するまで行うことができた。これは実に価値ある史実である。

特に森山は、彼がムラヤマと誤っているところもあるが、「私が日本で会った人のなかで群を抜いて知能の高い人」「彼の英語は非常に流暢で、文法にかなってさえいた」といい、オランダ商館長が

「オランダ語を自分よりも上手にしゃべる」と語ったことを紹介し、幾冊ものオランダ語の本と一冊の蘭英辞典を常時持っており、たくさんの蔵書を持ち、ラテン語やフランス語も勉強しているとも語ったことをも記しているような逸材であった。このような秀才に初めて英語を教えた親日家の米青年は、正しく幕末の日本に北の海みちでやって来たのであった。

終章　海みち永久に

宇宙時代だといわれている。少なくとも航空機の時代であることは確かである。折から国際交流とかグローバリズムとかが叫ばれる。ではあるが、我等の地球表面は、海上に陸地が浮かんでいる如くである以上、各陸地間の交流に海みちが重要な意味を持っていることは自明である。しかも日本は島国であるから、海みちの持つ歴史的役割は古代以来きわめて重要であった。もちろんそのことは常識となっているが、ややもするとそれは、朝鮮半島からの海みちのみが重要視されてきた傾向がある。本書は冷静に古代日本をとり巻く海みちについて、当時知られていなかった太平洋の対岸の大地からの東の海みちは別として、一般に重視されてきた西の海みちのほかに、南の海みちもあり、北の海みちもあって、ことに従来無視に近い軽視を受けてきた「北の海みち」に注目して、日本古代史の一面を辿ったのである。

もとより不十分の点も少なくないであろうし、単に限られた一家言にすぎないところもあるかもしれない。しかし、現下の国際交流は空路であり、さらに未来は宇宙航路ということになろうとも、現在も未来も過去との連なりの延長上にある。時はすべて過去になるが、未来に連なる現在なしには過去になる事物は存在しない。同様に過去に連なって生起してきた現在に基づかない未来はないのである。その過去は人間生活においてとらえるとき歴史になる。その歴史において一世紀前までの国際交流のみちとなったのはすべて海であった。その海は何万年も前からみちであった。それどころか原人の時代から、あるいは猿人の時代からさえ、現生人類の国際交流に当たる外との交渉については、海はそのみちであった。

近時世上よく環日本海時代の合唱が行われているが、それが実現するとき空路が重要な意味を持つことはいうまでもない。しかしだからといって「物流」において空路が海みちのすべてに変わることはできない。もしまたできたとしても、航空機が船舶と比較し、「環境」に対し果たしてまさっているか否かということになれば、いろいろ問題があることは常識的範囲で誰にでも理解できるであろう。原始・古代から近世まで、海みちが歴史において担っていた役割の検証は、我々の未来に関して持つ意味を改めて考える契機となるように思われる。

補論　秋田城の水洗トイレ

秋田城跡では平成六年（一九九四）に注目すべき珍しい遺跡が発見された。やがて小著に「稀有の厠」と記述するような、水洗トイレの検出である。九月五日に調査が開始され、十月初旬にはトイレ遺跡と確かめられた。

そのことを知った際、即座にこれは渤海国使節など外交上の客人についての施設であると判断した。傍らの知人にそのような話をしている時、多分中央紙の秋田支局員であろうと思われた若い女性記者が、「発掘調査事務所がそのような発表を何もしていないのに、一市民がどうしてそのようなことを言うのか」という趣旨の問いかけを、異議ありの表情でしてきた。

対応しないのも無礼になるかと思い、文献史料の解釈上そう認めるのである。事務所当局は考古学上の「遺物」によって渤海と結びつく証拠の発見がない以上、そのような見解を発表しないのは、考古学に基づく学術調査として当然のことである旨述べた上で、「こんな立派な厠遺構は、近時よく言われる〝官々接待〟か〝外交上の客員対遇〟かしか存在の理由が考えられないが、東北では秋田城以上に国権の中央と高度に関与する立場を持っている多賀城でも、このような立派な水洗の厠施設などは存在が知られていない。それに官々接待なら、諸国の国衙関係官衙にも一般的に存在するであろう。なのにこういう施設は他国の官衙で普通にあった例を知らない。そういう立場からの判断である」旨を述べた。不満気でないわけではなかったが、相手の反問はなかったのでその場を去った。

勿論若干の関連の資料の再確認や考察もしてみたが、平城京や大宰府ぐらいしか認められない存在であることが追確認できた。

翌平成七年（一九九五）五月に、昭和三十四年（一九五九）から三十七年までの秋田城跡国営発掘調査の際に、調査団長の任に当たられた考古学の斎藤忠博士が来秋され現地視察で、この施設遺跡を「日本随一」と評価されたのである。国営調査の後半二年は、団長の指示で調査団に加わり得たのみならず、昭和六十二年（一九八七）度からは、秋田市から秋田城跡環境整備委員を委嘱され、会議で委員長に選出されていたという、遺跡との親しさもあって、この評価は心に深く響くものがあった。だから、平成八年（一九九六）一月に刊行の小著にも、この厠跡について「下向官人よりは外交上の役割を暗示しています」（『新古代東北史』歴史春秋社）と明記したのであった。

更に明確な証明が加わった。この水洗式のトイレ遺構は、三間の東西は柱間が二・四メートル、二間の南北は柱間が一・八メートルである等間隔の基本屋舎であり、南に柱間二・一メートルの廂が南面して附設されていて、舎内は三箇の室になっているが、その三つの室に直径が八〇センチメートル、深さが八〇センチメートルの丸い穴が掘られており、その穴に設置された底のない木製曲げ物の下に、経四五センチメートル程の木の樋が北に向けて六メートルほどの長さで、方形の人工池に達しているのである。

人工池は流れ下った排便の沈澱池であるが、その北側には沼が存在していてそれに自然に物は流れて行く構成になっている。

実態としてその沈澱池には、排便にからまる、積った各種の遺物が検出された。すなわち籌木・寄生虫卵・糞虫や種子類などが、分析によって、いろいろなことを解明する資料となったのである。

当時天理参考館学芸員であった金原正明氏の沈澱遺物分析によって、平成八年（一九九六）に〈豚を常食にしている人達の寄生虫卵が検出された〉と発表されたのである。それを知って、北の海みち論者の立場からは、迷うことなく豚が常食の大陸人がこの厠を使用したのだと考え定めた。

平成十五年（二〇〇三）刊行の小著では先にも触れた如く「稀有の厠」と位置づけ表記したのである（『古代東北と渤海使』歴史春秋社）が、厠は通用の俗字で、本来の漢字は廁であるとされるが、間違いなく川屋というのが日本語古来の語意なのであろうが、自然の川や都市の平地の水流の厠ではなく、秋田城では傾斜を備える確固意図された、水洗トイレを使用する人を厚遇するための構築であるところに、稀なる貴重性ある意義が存すると認めての表現であった。

既に、樋の木材はヒノキアスナロの丸太材を半分に割り、その内部を切除して合わせ筒にしたものであることもわかり、年輪年代学の測定で天平勝宝八年（七五六）以降の伐採材であることも知られていたので、本書の「六」で述べている恵美押勝政権の段階の政策と、建設のことが合致するものであろうことも考察し得たのである。

一個人の私見的考察だけではなく、平成十四年（二〇〇二）七月に示された秋田市の「秋田城跡調査事務所」の資料には、約一五〇点の籌木と未消化の種実や寄生虫卵に花粉などが出土したことを報じて、

寄生虫卵は一平方メートルあたり二〇〇〇個を超える数が検出された。回虫、鞭虫、肝吸虫が多く、他に横川吸虫、有・無鉤条虫がおり、わずかに日本海裂頭条虫がふくまれていた。これらの寄生虫卵から食生活と厠舎の使用者を推定すると、回虫卵からは野菜をよく洗浄せずに熱処理が不充分な状態で食していたこと、肝吸虫・横川吸虫から、コイ・フナ・アユ等の淡水魚をやはり熱処理しないで食していたこと、日本海裂頭条虫が極めて少ないことから、縄文時代からサケ・マスを好んで食した東日本の人間が殆ど使用していないこと、豚を常食する食習慣の人間が感染する有鉤条虫がまとまって検出されたことから豚食の習慣のある人間が使用していることが推定された。特に豚食の習慣は当時の日本にはない……

と解説したうえで、「分析者はその習慣のある大陸（渤海）の人間の使用を指摘しており、また、この寄生虫卵が秋田城跡と福岡市の古代の迎賓館・鴻臚館跡の便所以外検出されていないと述べている」と結論的に記している。

この分野の名著である平成二十一年（二〇〇九）刊行の黒崎直『水洗トイレは古代にもあった』（吉川弘文館）には、

> これだけ立派なトイレ遺構は、奈良や京都の宮都遺蹟でも発見されていない。また、金原正明さんの分析所見によれば、東日本のトイレ遺構で見つかるはずの日本海裂頭条虫（サナダムシの一種）の卵は発見できず、藤原京跡や平城京跡のトイレ遺構の内容と等しいという。それは、都から秋田城に派遣された中央の役人が、地元のサケ・マス食文化に馴染めず、都の食料を持参し、あるいは送らせていたことを示すものと解釈している。その当否は別にしても、これほど立派なトイレが、はたして平城京や平安京に存在したかどうか、この点も検討が必要だろう。
>
> それにしても、これほどに特殊なトイレが秋田城につくられていたことは、やはり外国使節との関連を抜きにして理解できないと思う。

と述べている。分析者の所見について「その当否は別にしても」という公正な立場に立ちながらも、「秋田城跡のトイレ遺構からも抽出された有（無）鈎条虫卵の存在」を重視されたうえで、私見を支持されることを表明しておられる。

黒崎氏はこの著の「Ⅲトイレ風土記―日本各地のトイレ事情」の章において、「秋田城跡のトイレは清潔度日本一」なる項題を明記されたが、章を終える「特別構造のトイレがつくられた意味」という項を結ぶ文章として、「この北と西の二つのトイレ遺構こそ、国際社会に伍しようと国の威信（？）

をかけてつくった、当時の最先端で最高級のトイレではなかったか」なる律令制国家日本の対外的方策の基本理念についての、名指摘をされるのである。

その頃、秋田市教育委員会の『史跡秋田城跡整備事業報告書Ⅱ』に、環境整備指導委員会委員長としての一文を求められ、「古代水洗厠舎の復元によせて」なる蕪文を平成二十一年（二〇〇九）十二月十日付で提出している。その中では、

平成二十一年四月四日、「古代水洗厠舎完成記念式典」が挙行され、安藤正之教育次長以下関係機関の人士、市民有識者、高清水・寺内両小学校教員・児童など参集し意義ある通水式も行われ、私も男女各一人の児童と共に注水実行の栄誉ある役目に恵まれた。重立った大人の方からは「本当にこんなに立派だったのか」と問われ「大陸の建築技法も伝来しており充分に建築し得たと考えられる」と答えた。新聞記者の問に「昔の水洗って不便なものだと思った」と答える少年の言を耳にしながら、想い起こしていることがあった。それは渤海の首都上京竜泉府の遺地での体験である。

平成三年（一九九一）九月中旬の或る日の午前九時半頃のことである。中国黒竜江省寧安県の古刹興隆寺は宗教のない建前の国では「黒竜江省渤海上京遺址博物館」になっている。建築物は清時代（我が江戸時代）の修築にかかるが、最も奥の堂舎内に石仏が祀られていた。行政的には展示という形式であろう。堂前には渤海関係の書誌上にはよく写真が掲載されている高さ六メー

トルもあろうか頑丈な渤海当時の石灯籠が立つ処である。私は辺りに遠慮しながら一礼した。石仏の前の籠には「一角」「二角」の小額の札が詰まっていたので、ポケットを探って「五角」札を取り出し賽銭として供えた。その時、それまで職務的対応だった、二五歳の公務員運転手が素早くあの長い中国線香を五本用意して来た。外事処員が自慢であろう大型ライターで点火までしてくれた。好意に感謝しその線香を立ててしっかりと合掌礼拝した。同伴の学者氏も併せて三人は「お前も同じ信仰心を持っている仲間なんだネ」という笑顔になった。私も笑顔になり「謝謝」をくり返したその時のことである。

この厠舎跡の発見が報じられた際、私はこの個性豊かな施設は、中央からの役人を国衙が「官々接待」する為のものではなく、外国使節に対応するものと考え、それは神亀四年（七二七）の初来航以来、初めの七〇年は自発的に出羽に来航の渤海国使節を対象とするものと即断した。という部分が、主部の文章となった。

思うに、将来の研究者達によって秋田城をめぐる論説が深められて行く過程でも、この珍しい施設は注目され続けるに違いないと考える。

本書の原本は、一九九四年に高科書店より刊行されました。

著者略歴
一九二五年　山形県に生まれる
一九五〇年　東北大学文学部国史学科卒業
秋田大学教授・学長、秋田県立博物館長を歴任
現　在　秋田大学名誉教授、秋田県立博物館名誉館長　文学博士

〔主要著書〕
『国造と県主』（至文堂、一九六五年）、『研究史国造』（吉川弘文館、一九七四年）、『日本古代地方制度の研究』（吉川弘文館、一九七四年）、『謎の国造』（学生社、一九七五年）、『古代東北史の人々』（吉川弘文館、一九七八年）、『秋田の歴史』（秋田魁新報社、一九八二年）、『古代東北の兵乱』（吉川弘文館、一九八九年）、『田村麻呂と阿弖流為』（吉川弘文館、一九九四年）、『古代東北と渤海使』（歴史春秋社、二〇〇三年）

読みなおす日本史

古代日本と北の海みち

二〇一六年（平成二十八）三月一日　第一刷発行

著　者　新《にい》野《の》直《なお》吉《よし》
発行者　吉川道郎
発行所　株式会社　吉川弘文館
郵便番号一一三―〇〇三三
東京都文京区本郷七丁目二番八号
電話〇三―三八一三―九一五一〈代表〉
振替口座〇〇一〇〇―五―二四四
http://www.yoshikawa-k.co.jp/
組版＝株式会社キャップス
印刷＝藤原印刷株式会社
製本＝ナショナル製本協同組合
装幀＝清水良洋・渡邉雄哉

ISBN978-4-642-06598-6

読みなおす日本史

刊行のことば

現代社会では、膨大な数の新刊図書が日々書店に並んでいます。昨今の電子書籍を含めますと、一人の読者が書名すら目にすることができないほどとなっています。ましてや、数年以前に刊行された本は書店の店頭に並ぶことも少なく、良書でありながらめぐり会うことのできない例は、日常的なことになっています。

人文書、とりわけ小社が専門とする歴史書におきましても、広く学界共通の財産として参照されるべきものとなっているにもかかわらず、その多くが現在では市場に出回らず入手、講読に時間と手間がかかるようになってしまっています。歴史の面白さを伝える図書を、読者の手元に届けることができないことは、歴史書出版の一翼を担う小社としても遺憾とするところです。

そこで、良書の発掘を通して、読者と図書をめぐる豊かな関係に寄与すべく、シリーズ「読みなおす日本史」を刊行いたします。本シリーズは、既刊の日本史関係書のなかから、研究の進展に今も寄与し続けているとともに、現在も広く読者に訴える力を有している良書を精選し順次定期的に刊行するものです。これらの知の文化遺産が、ゆるぎない視点からことの本質を説き続ける、確かな水先案内として迎えられることを切に願ってやみません。

二〇一二年四月

吉川弘文館

読みなおす日本史